産めないけれど育てたい。

妊からの
特別養子縁組へ

池田麻里奈
池田紀行

KADOKAWA

いつか我が子を抱きしめたい
ずっとそう願ってきました

気持ちのいい風が吹いているとき
一緒に海をながめたい

ずっとそう願ってきました

血のつながりはないけれど
私たちは家族になれました

今いるのは
あのとき願った未来です

はじめに

私たち夫婦は、夫46歳、妻44歳のとき
特別養子縁組で、生後5日の赤ちゃんを迎えました。

特別養子縁組とは
実の親と暮らせない子どもを、育ての親として迎える制度で
試験養育期間を経て審判が認められると
戸籍上も実子として認められます。
日本では社会的養護が必要な子どもが約4万5000人いますが
そのほとんどが施設で暮らしており
特別養子縁組は、全国で年間約624件（2018年）、約1％です。

一方で、5・5組に1組の夫婦が
子どもを望みながらも、不妊で悩んでいるといわれています。

私たち夫婦も、夫30歳、妻28歳のとき結婚しましたが
2年後に不妊を疑い始め、10年以上不妊治療を続けました。

人工授精、体外受精と試みましたが、出産することはかなわず
2度の流産、死産を経験し、子宮腺筋症で子宮全摘出術をしました。

その手術後の病室で
「産めなくても、育てることはあきらめたくない。
…養子縁組をしたい」と綴った手紙を夫に渡しました。
なぜなら、「お母さんになること」が私の人生で一番の夢で
この気持ちは一生変わらないと気がついたから。
人生を一緒に歩むパートナーにその思いを伝えたかったからです。

手紙を読んだ夫は、「わかったよ。つき合うよ」と一言。
養子縁組を決心してくれたのです。

「血のつながらない子どもを本当に愛することができるのか」
それは、養子縁組を知りつつ、実際に一歩踏み出すまでに
私たちが10年近くもためらった問いかけでした。

夫婦で踏み出すことを決めた後は、一気に準備を進め
児童相談所で里親研修を受け
民間の養子縁組あっせん団体に登録をし
「待機」に入った矢先に、赤ちゃんの委託を受けることになりました。

赤ちゃんを迎え、1年が経ちました。そして実感したのは
子育ては大変だけれど、「幸せなドタバタ生活」だということ。
血のつながりはなくても「100%愛せる」ということ。
「愛そう」と思っていたけれど、そんな努力は全く必要なく
気がついたら「3人家族」になっていたのです。

「この話を本にしませんか？」と声をかけられたとき、出版を決めたのは
「血のつながりのない養子を迎え家族になった実例」を公表することで
養子を検討する材料の1つにしてもらえるといいなと思ったからです。

私たちが踏み出す前は、養子縁組家族のリアルな情報は少なく
迎えた後の幸せな生活こそは少しずつ発信されるようになりましたが
それ以前の葛藤についての情報はほとんどありませんでした。

この本は、夫婦が葛藤しながら幸せを模索していく姿を
実名を公表して、夫婦それぞれの視点から
未熟だった部分も含めて正直に書いています。
私たちのたった1つの実例でしかないかもしれませんが
読んでくださった方の参考になれば嬉しく思います。

池田麻里奈
池田紀行

PHOTO STORY

生後5日。病院から初めて我が家に来た日。赤ちゃんが今にも壊れてしまいそうで、手が出せず、抱っこするのもおっかなビックリだった頃。2人ともオロオロしていました。

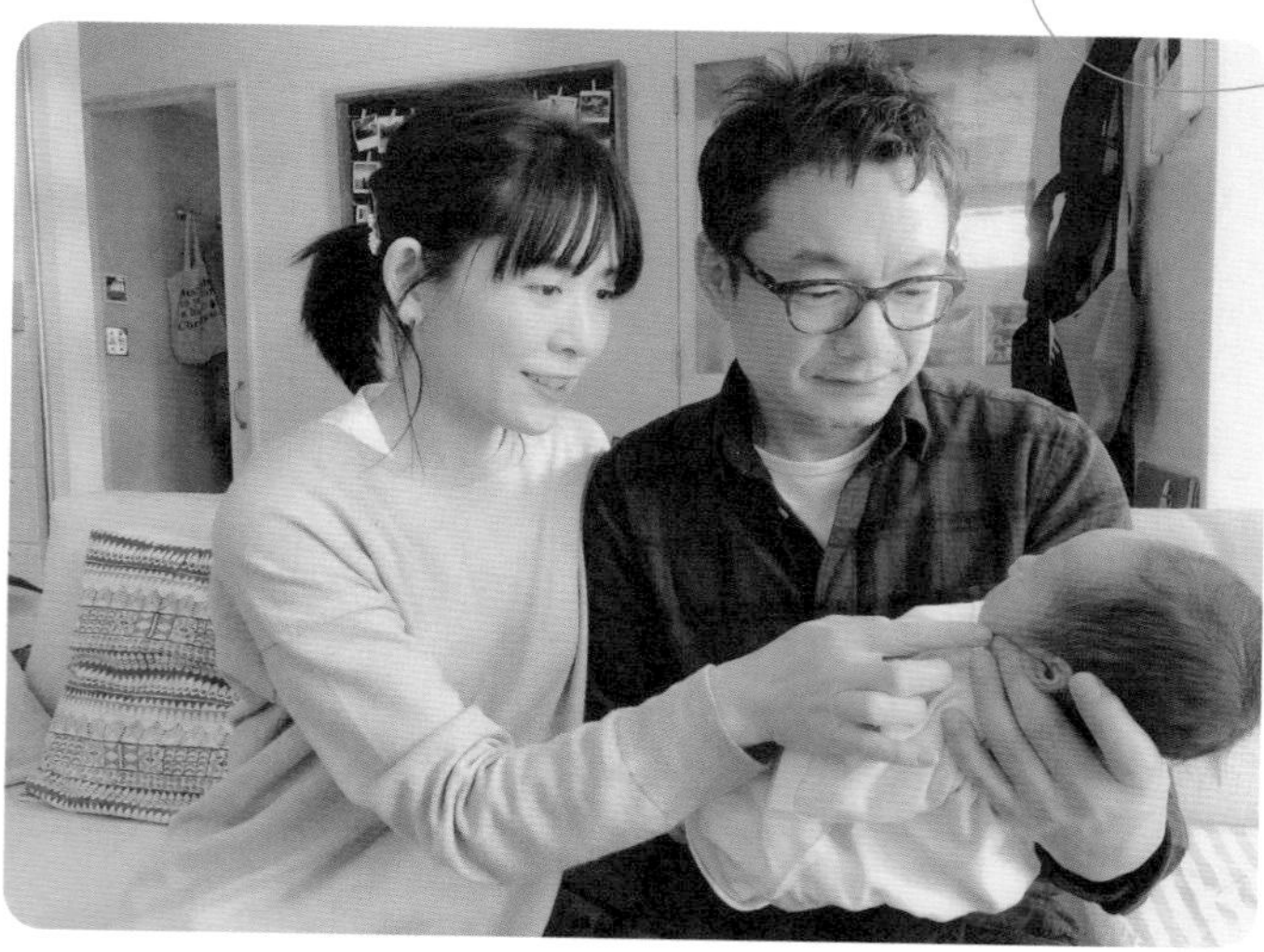

生後10日。早朝のミルクタイム。2〜3時間おきの授乳にてんてこまいでしたが、週末の夜には夫もお手伝い。赤ちゃんがミルクを吐くのではないかと常にヒヤヒヤでした。

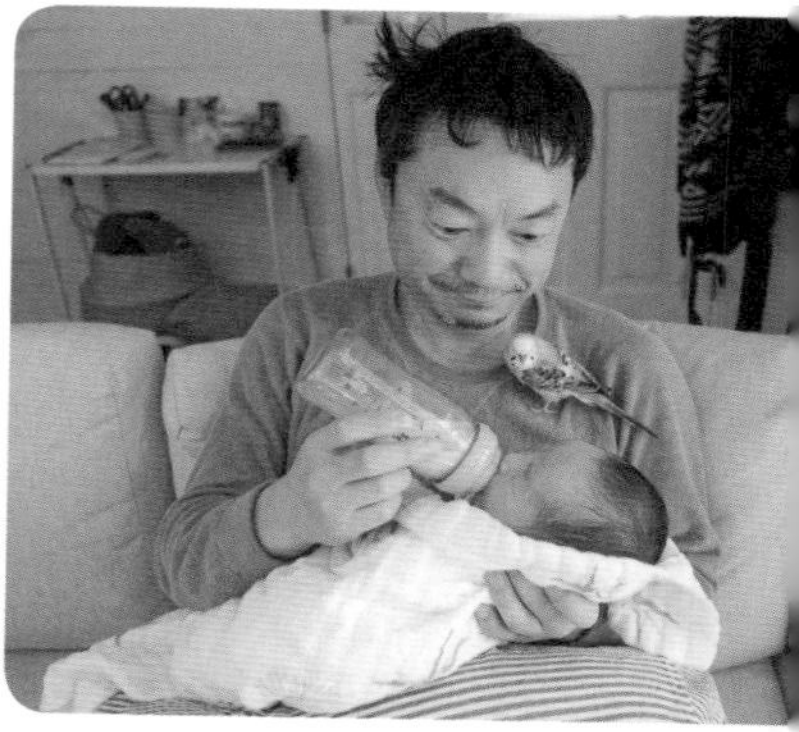

生後1か月。赤ちゃんらしく丸々として4kgに。目に見える成長がなにより嬉しい。友人たちが入れ替わり立ち替わりお祝いに駆け付け、「お母さん」に慣れてきた頃。

生後6か月。ハーフバースデー。新生児期のお世話が落ち着き、3人で過ごす時間を楽しむゆとりが出てきた頃。赤ちゃんが笑うことが私たち夫婦の幸せ。すっかり家族の中心に。（撮影／せきとかおり）

生後9か月。沖縄に初めての家族旅行。飛行機やホテル宿泊もなんとかクリア。沖縄は2人で何度も訪れていた場所でしたが、3人の旅はまた違ってこんなにも楽しいのかと実感。

生後9か月。審判が確定し、「特別養子縁組届」を夫が記入している瞬間。私たちが結婚したときのことを思い出しながら、この子の親になることができた喜びをかみ締めた日でした。

生後11か月。実はこの日お正月で、2人揃って胃腸炎でした。パパの体が大きくてあったかいので居心地が良いのか、よくこのスタイルで2人一緒にお昼寝しています。

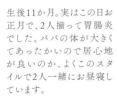

CONTENTS

1章

新米パパママの奮闘記

0〜3か月

2章

ついに入籍！ 実子となる

4か月〜1歳

3章

養子を迎えるまで

不妊治療から流産・死産

4章 養子を迎えるまで

妊活終了から養子を迎える決意

プロローグ

序　章

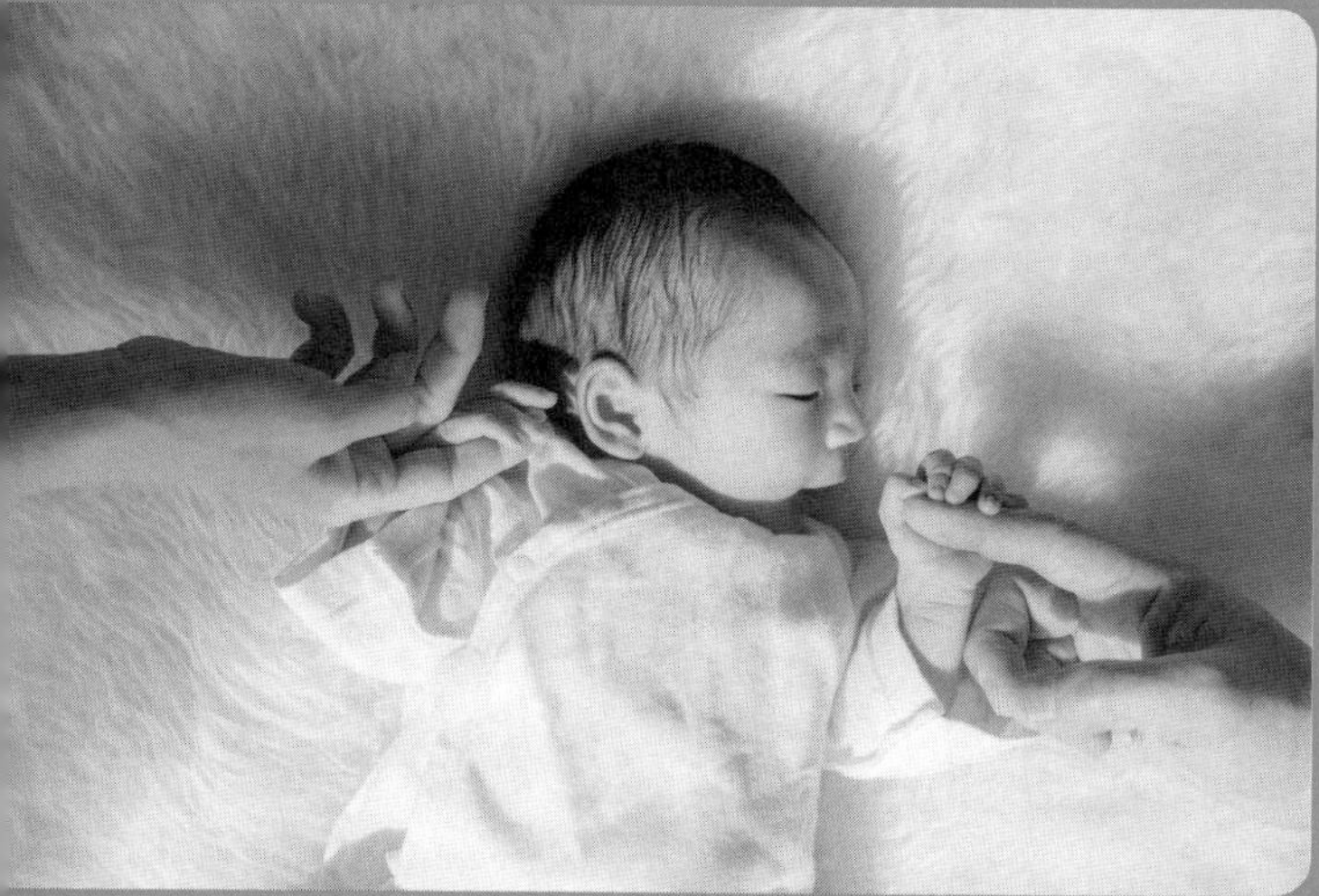

生後2週間。「いつかきっと」と思っていた赤ちゃんが目の前にいる！　すやすや眠る姿を見つめては時の過ぎるのを忘れていた頃

それでもやっぱり育てたい

その日、私は1人、病室にいました。
パジャマに着替えて窓の外を見ると、雲の無い乾いた冬の空。
今日はクリスマス。街はいつもより華やいで見えました。

翌日、子宮の全摘出手術をします。
もうこれで100％子どもは産めません。

28歳で結婚、30歳から不妊治療を始めた私は、
赤ちゃんを授かるために10年以上もあれこれやってきたけれど、
とうとうこんなところにたどり着いてしまいました。
手術に迷いはありませんが、残念な気持ちはあります。

＝＝＝

「誰かが私の名前を呼んでいる…」

意識が戻りハッと目を開けると、5人くらいの青い手術着のスタッフが、私を覗き込んでいました。私の目が覚めてみなさんホッとしている様子。

「ああ…。終わったんだ…」

手術が終わったことにぼんやり気づいたと同時に、お腹がすごく痛くて、「10のうちどのくらいの痛みですか？」という問いに「10」と答えていました。

点滴の痛み止めを追加し、ベッドに乗せられたまま病室に運ばれると、「よく頑張ったね。よく頑張ったね！」と即座に声をかけてくれたのは、夫と一緒に待っていてくれた義母です。都会が苦手なのに来てくれました。

「ねぇ…。これ…。読んで」

前夜病室で書いた手紙を、夫に差し出しました。
酸素マスクを外したばかりで、喉《のど》がカサカサしてうまく声が出ません。

手紙には、
「子どもを望んできたけれど、子宮全摘という結果になって、
本当に残念に思っているということ」
そして「私の子宮が元気だったら、きっとあのときの死産は起こらず、
赤ちゃんを死なせなくてすんだかもしれないという後悔があること」

最後に「2人の生活を楽しんでいるけれど、
それとは全く別のところに『いつか親になったら』という想いがあり、
それは子宮がなくなっても変わらずに、抱き続けるだろうということ」

「いつか、ではなく『今』、成長している子どもの話を夫婦でしたい。
残りの人生、子どもを育てる時間に使いたい。

あなたが子どもにどんな言葉をかけるのか見てみたい。
だから…、養子を迎えることを考えてほしい」
と結んでいました。

黙ってその手紙を読んだ夫は、
「わかったよ…。麻里奈さんにつき合うよ」と言ったのでした。
普段は呼び捨てなのに、かしこまったときに「さん」づけをするのが夫のクセです。

その言葉を聞いてホッと安堵した私は、
また深い眠りについたのでした。

1本の電話からすべては始まった

「ご紹介したいお子さんがいます」

電話の向こうの女性の声が遠くなっていく……。

養子縁組あっせん団体のスタッフでした。


退院してから私たちは特別養子縁組をするための行動を始めました。

児童相談所に問い合わせをして里親研修を受け、里親さんの体験談も聞きました。

最終的には民間のあっせん団体に登録をして研修を修了し、手術から約1年後には、いつでもお子さんを受け入れられる状態の「待機」に入っていました。


「ご縁があれば…。でも期待はしないでおこう」

養子のお子さんを期待することは、困難な母子の出現を期待するのと同じになってしまうと感じていました。できるだけフラットな気持ちを心がけて生活していこうと思っていた矢先、電話があったのです。

驚きのあまり「はい、はい…」と返事をすることが精一杯で、電話をしながら部屋の中をぐるぐる歩き回っていました。心臓はバクバクですが、なぜか冷静を装って対応していたのは、喜んだら不謹慎だと思っていたからかもしれません。

事前に受けた団体の研修では、「その時点でわかっている母子の状況は伝えます。でも、わからないことのほうが多いです」という説明がありました。私たちは、「年齢や性別、子どもの健康状態、親の職業など、どのような環境の子でも迎える」とあらかじめ伝えていました（注：特別養子縁組の年齢は2020年4月から0〜15歳になりました）。

そして、その日わかっていたことは、

近いうちに生まれる「0歳の赤ちゃん！」だということ。

性別、健康状態はわかりません。

「委託が可能なのか、明日の朝までにお返事ください」と告げられました。

「明日の朝!!」これは急です…。

人生一大決心を、数時間で決めなければいけません。

とはいえ、誰に誘導されることもなく、そもそも自分たちの意思で養子縁組あっせん団体に登録したのです。心の準備はできている状態のはず…。

ですが、いざ子育てがスタートする現実が目の前に来ると、なんとも落ち着かない気持ちで、「私にできるのか、大丈夫なのだろうか」とおじけづいたり、弱気になりました。「ドーンと来い！」と両手を広げて言いたいところなのですが、人間とはそんなものなのでしょうか。

結婚から16年、大人2人の生活は、工夫すれば好きなように時間を過ごせる、ある意味「自由」でした。その自由さを虚しく感じた日もありましたが、そんな生活をしていた私たちに子育てが本当に務まるのだろうか。

願ってやまない子育て、それも生まれたばかりの赤ちゃん。どうして悩むことがあるのでしょう。たぶん混乱していただけだと思います。

仕事から帰ってきた夫が一言、「断る理由なんてないよね！」と迷いのない明るい顔で言いました。夫の性格は超ポジティブで突き進むタイプ。趣味もたくさん。次から次に新しいことに手をつけています。このときばかりは突き進む夫が頼もしく思えました。私は誰かに、いえ、パートナーに「大丈夫さ！」と背中を押してもらいたかったのかもしれません。

そして、偶然にも委託を受けると決めた日は夫の46歳の誕生日。大きなサプライズプレゼントになりました。

翌朝、夫から団体に「お話をお受けしたい」と伝えました。
その頃、赤ちゃんも元気に生まれました。

「受け入れる」そう覚悟を決めてからも、私の頭の中は相変わらずぐるぐるでいっぱいの状態でした。もう生まれたということは、我が家にやってくるのも時間の問題。

猶予は5日ほどしかありません。まずは未知の領域「赤ちゃん本舗」に夫婦で突入し、チャイルドシートの大物から哺乳瓶の小物まで一気に購入です。店員さんに予定日を聞かれ「生まれたばかりです」と回答すると「何も用意していなかったんかい！」と言わんばかりの若干驚きのお顔。性別がまだわからないので肌着はどちらでも着られる黄色とグレーを購入しました。

店内を見渡すと、退院のときに着せる白いフワフワのセレモニードレスや初節句の雛人形、鯉のぼり、命名の色紙、内祝い贈答品…。幸せがいっぱい並んでいました。生まれた日だけではなく、これから先の成長のお祝いは続いていく。不妊治療していた頃に憧れた友人たちの生活がここにありました。

「誕生」というのはやっぱりすごいことなのです。こんな子に育ってほしいという親の願いはきっと誰しもが抱くものだと思いますが、人間にとって「誕生」が人生最大の大仕事だと思います。生まれなければ何も始まらないのですから。

「この世に生まれた赤ちゃんをこれ以上ないというほどのお祝いで大歓迎しよう！」

友人の出産祝いではない、自分の赤ちゃんのためのベビー服を選んでいると、少しずつこの出来事が現実のものだと実感していきました。

「男の子です。元気ですよ」。団体から続報が入りました。

「男の子なんだね！」

「次はお名前を考えてくださいね」

矢継ぎ早に連絡が入り、その都度オタオタしていました。

赤ちゃんとご対面！

いよいよ赤ちゃんを迎えに行く朝。

快晴の空に富士山が浮き上がるように見えました。なんて縁起がいいのでしょう。晴れていても富士山は雲隠れしていることもあるのに、この日はくっきりです。まるでこの日を祝福してくれているみたいに。

不思議なことですが、紹介の電話を境に世の中のすべての出来事が幸せフィルター越しに見えていました。今はまだ何も始まっていないのに、2人の生活なのに、子育てできる未来があるから幸せな気持ちになっていました。

病院に到着し団体スタッフさんと合流。緊張でこわばっている顔をしていることが自分でもわかりました。部屋に通され、ミルクを作ったり肌着を用意したり、ものすごく手際が悪かった記憶があります。ここでも相変わらずオタオタしていると、看護師長さんが赤ちゃんを連れてやってきました。

「あ、あ、ああああ。ふにゃふにゃ。生まれたての赤ちゃん。あなたが私たちに託されるのね」

目の前にしても、まだ信じ難い状況です。ホヤホヤの赤ちゃんの存在に圧倒され、夫婦ともども手が出ません。

「う、動いてるぅ」と言いながら、夫が抱っこ。続いて私も抱っこ。

「あ、あったかい。大きいね。しっかり重いよ。命を感じる…」

かつて、私たちは病室に運ばれてきた赤ちゃんを順番に抱っこしたことがあります。死産して亡くなっている私たちの赤ちゃんです。

東日本大震災の直後に妊娠したので9年前になります。産まれた赤ちゃんは500gにも満たない小ささで、皮膚が剝がれているところもあり、痛々しくかわいそうでした。体が傷まないように保冷剤で冷やしてくれていたので、抱っこしたときに冷たく感じたのを覚えています。

今、目の前で、ムニュムニュと口を動かしている赤ちゃんを見ていると、魂が宿っていることを感じます。困難な状況でもこんなに元気に生まれてきたんだね、生まれる力があなたにはあったということだね。

「ご対面のとき、私はどんな風になるだろう？　号泣するのかな」と考えていました。ここ数年、テレビで特別養子縁組をテーマにしたドキュメンタリー番組が放送されることが増え、私も録画して繰り返し観てきました。養親《ようしん》さんと赤ちゃんが対面する一番の感動シーンでは、テレビの前で「良かった、良かった」と自分のことのように涙していました。

いざ、自分の番になってみると、複雑な感情が先立ちます。私たちと出会うと同時に、数日前までお腹の中で育ててくれたお母さんとの別れがあります。お母さんの状況は私たちに知らされていません。どんなことがあったのかわからないけれど、私たちが想像する以上にどうにもできないことが起こったのだと思います。お母さんのケアは団体がしてくれます。今頃どんな気持ちで病院を後にしているだろうかと思いを巡らせていました。

産んだお母さんとその後も一緒に暮らす。それが「普通」。こんなに小さい体で「普通」ではない道を歩むことになった赤ちゃん。私たち夫婦もここまでの人生に多少なりともいろいろありましたが、産んだ親に育てられました。出自については「普通」の私たちが、どんな風にこの子を支えられるだろう。

「応援していますね！」と看護師長さんから笑顔で言葉をかけられ、賑《にぎ》やかな病室に意識が戻りました。

「かわいいね」「指が長いよ」「顔がしっかりしてる」「目が開いた～」と赤ちゃんを中心に楽しい会話が続きました。

これまでの境遇、背景は変えられません。だけど赤ちゃんの未来はこれから赤ちゃんを取り巻く大人によって変えられる。「普通ではない」からこそ、隣で見守る人が必要なのだと思います。

今は赤ちゃんの命のバトンを受け渡されたのだから、私にできることは責任を持ってしっかり守ること。応援してくれる人が増えるほど、赤ちゃんは生きやすくなるはずです。

こうして、生後5日の赤ちゃんとの3人暮らしがスタートしました。

おめでとうの嵐！

夫婦それぞれがＳＮＳで養子を迎えたことを投稿しました。裁判で審判確定になるまでは親権は実母さんにあるので、赤ちゃんの顔はまだ出せません。赤ちゃんを抱いている小さな後ろ姿の画像を添えました。

すると友人はもちろんのこと、見ず知らずのＳＮＳの人など、たちまち「いいね」や「勇気をもらいました」「素晴らしいですね」「尊敬します」といった称賛のコメントも届いたのです。

私たちは尊敬されることは何もしていないのに、子育てに足踏みしていた16年分のおめでとうを一気にもらった気分です。

一昔前までは、養子を迎えると言うと「わざわざ他人の子を育てて苦労しなくてもいいのに」「将来が大変だよ」そんな言葉が飛び交っていたと思います。だけど今回私たちが「養子を迎えました！」と報告したときの反響は、おめでとう一色でした。

これは、シングル家庭やステップファミリーなど家族の形が多様化して、普通と違うことに境界線を引くより、「いろんな家族があってもいいよね！」「そもそも普通ってなんだろう？」という考えにみなさんが変わってきていて、そこに社会的養護の特別養子縁組や里親家庭も、家族の形の1つとしてとらえられるようになったからではないでしょうか。赤ちゃんにとって良い風が吹いているのは間違いないようです。

私自身、小学生のときに両親が離婚し、父子家庭で育ちました。いわゆる普通の家庭からの離脱です。周囲の目は変わり「お母さんがいなくてかわいそう」と言われることもありました。そのたびに惨めで哀れな立ち場に置かれ、自分がどんどんかわいそうな人になっていきそうで怖さを感じていました。

不妊も同様に「子どもがいなくて不幸」という目で見られることがあります。

子どもが欲しいけれど授からない苦悩は夫婦の中でもちろんありましたが、それとは別に世間から区別される辛さも味わいました。

幸か不幸かを、世間が、周囲が決めてしまう。みんな「普通」が好き。普通の中にいると安心しますよね。私も「子どものいる普通の家族」を求めて不妊治療していた1人です。普通と違った生き方は謎がいっぱいだから、憶測が飛び交うのだろうと思います。

数年前まで、特別養子縁組で結ばれた家族がどんな暮らしをしているのか私は知りませんでした。自分がこの制度を調べた約10年前、インターネットで検索するとほんの数件の個人ブログがヒットするくらいで、わずかの情報だったのです。

名前や顔をわざわざ公にする人もおらず、養子縁組ファミリーのイメージをつかめませんでした。私たち夫婦がこの本を出版する目的の1つに、特別養子縁組を知ってもらいたいという願いがあります。

赤ちゃんが成長していくとき、周囲の方々の温かい理解は、心の支えになるからです。とても幸せな制度と思ってくれる人が多ければ、養子縁組のイメージは「大変だよ」から「おめでとう。良かったね！」になると信じています。

夫の回想コラム

PART 1

そのとき、夫はどう感じていたのか、何を思っていたのか

——妻から病室で手紙を受け取ったとき

少しドキッとしましたが、驚きはありませんでした。妻は、僕に「何か大切なこと」を伝えたいとき、それまでもしばしば手紙を書き、渡してきていたからです。でも、どんな内容なのか、読むまでは全くわかりませんでした。

私たち夫婦は、長い間、辛い不妊治療を続けてきました。「辛い」と言っても、精神的にも身体的にも辛いのは妻であり、僕は出口の見えないトンネルの中でもがき苦しむ妻をどこまで支えることができていたのかわかりません。たぶん、とても寂しく、孤独な1人旅をさせてしまっていたと思います。

不妊治療がうまくいかないとき、何回か、妻から特別養子縁組の話を振られたことがあります。そのたびに僕ははぐらかしてきたわけですが、その理由は、「血のつながらない子」を育てる怖さと自信のなさでした。

血のつながった実子であれば、将来、子どもがどうしようもなく言うことをきかなくなったときや、もし仮に、犯罪を起こしてしまったとき、すべてを自分のせいにできます。「自分の育て方が悪かったのだ」と思えます。

でも、血のつながらない養子の場合、僕はきっと「自分と血がつながっていないから、こんなことになってしまったのだ」と、自分の愛情のかけ方や育て方ではなく、「血や遺伝」のせいにしてしまう恐怖がありました。

「特別養子縁組という選択肢」を真剣に検討することは、実子をあきらめることと、血のつながらない子を一生愛し続けるという2つの覚悟を同時に行う必要があります。

当時の僕には、それがとてつもなく怖く、決定を先延ばしにしてしまいました。

しかし、長い不妊治療の中で、流産と死産を経験し、28歳で結婚した妻も43歳になろうとしていました。

僕は、若い頃から自己啓発が大好きで、あらゆることに目標を設定し、それを達成することに喜びを感じてきました。起業と会社の成長、自身のスキルアップ、都会からの移住、多様な趣味への没頭。すべて、夢を目標に変換し、人一倍の努力をして、あらゆる目標を達成してきた自負があります。

妻と結婚して15年以上が経ち、山あり谷ありながらも、周りから仲良し夫婦と言われるくらい、良好な関係を作ってきたつもりです。

でも、僕が自分の人生の目標を次々と達成し、「生きがい」や「働きがい」を実感している中で、妻は同じように人生の目標を達成してきたのだろうか。日々、生きている実感を得て、精神的に充足した毎日を送ることができているのだろうか。

少し考えれば、わかることでした。

妻は、あらゆることを犠牲にして、私たち夫婦の子どもを授かるために——僕が十数年、自身の自己実現に明け暮れている中で——辛く孤独な不妊治療と戦っていました。

頑張り屋の妻のことです。そんな苦しい生活の中でも、少しでも幸せを実感できる日々を送るために、毎日さまざまな努力と工夫をしてきたことでしょう。

でも、肝心の、妻が人生をかけて成し遂げたいと考えている「子どもを産み、育てる」という一番重要な自己実現は叶えられないままでした。

子宮全摘出術を終えた病室で、妻からの手紙を読んだとき、僕は痛烈に感じたのです。「今度は妻が幸せになる番だ」と。僕1人ではなく、妻が、そして夫婦2人が幸せだと感じる人生に向き合わなければならない。そして、それに向き合いたいと思いました。

妻の「育てたい」という人生をかけた願望を、夫婦2人共通の目標として動き出す決断をするまで、不妊治療開始から長い間待たせてしまいました。本当に申し訳なく思っています。

——児童相談所やあっせん団体の里親研修に参加したとき

初めて児童相談所を訪れ、話を聞いたとき、「やっぱり行政には頼れないな」と思いました。

研修の開催日程はとても少なく、もし仕事の都合で受けることができなければ、半年や1年、待たなければなりません。

僕たちは、ここにたどり着くまで（特別養子縁組の検討を開始する意思決定に至るまで）長い年月を消費してしまいました。

「こんな悠長なことはやっていられない」――。児童相談所の話を聞き、「民間のあっせん団体一択で検討しなきゃだめだ」と決断することができました。

民間のあっせん団体の説明会兼研修会を受けたとき、とても誠実で信用ができると感じました。同時に、ここに任せれば大丈夫、この団体と一緒に、人生を懸けた大仕事に取り組みたいと思いました。

すでに、特別養子縁組を受けることは決断したつもりでした。でも、研修を受けていても、どうにもまだ実感が湧いてきません。そして、「血のつながらない子を愛せるのか」という問いに対する自身の回答も、まだ結論を出せていませんでした。

そんな僕にスイッチを入れたのが、赤ちゃんの沐浴研修でした。実際の赤ちゃんと同じ重さの人形を、お湯を張った小さなバスタブに入れたとき、どうしようもない愛おしさを感じたのです。

僕は、社員や友達に赤ちゃんが産まれたとき、みんながこぞって「抱っこさせて！」と抱っこリレーをしているとき、意識的に遠くにいました。「赤ちゃんの抱っこの仕方がわからない」ことが、僕にとって、ものすごく大きなコンプレックスだったのです。

だから、「池田さんも抱っこしてあげてください」と、今にも壊れてしまいそうな赤ちゃんを差し出されたとき、強い恐怖とともに、説明のし難い「恥ずかしさ」がありました。

あっせん団体の沐浴研修のとき、指導員のスタッフから「まだ首がすわっていない赤ちゃんは、ここところをこうやって持ってあげて…」と丁寧に教えてもらい、そのとおりに沐浴をさせてあげたとき、手の中にいるのは人形なのに、自分でもびっくりするくらい、長年のコンプレックスが吹き飛び、同時に愛おしさがこみ上げてきたのです。

この沐浴研修後、僕の「特別養子縁組」への意欲が一気に上がりました。何がスイッチになるのか、わからないものですね。

——養子委託が決まり、赤ちゃんと対面したとき

あっせん団体から養子委託の電話を受けたときは、突然のことでびっくりはしましたが、「待機」になったということは、いつ連絡が来てもおかしくないということですから、覚悟は決まっていました。あっせん団体から連絡をいただいたのは、偶然にも僕の46歳の誕生日。何かの運命かもしれないと感じました。

赤ちゃんと初対面となったとき、とても緊張していて、笑えば良いのか、泣けば良いのか、複雑な感情が入り交じっていました。

その手に抱いた赤ちゃんは、とても小さく、でも確実に「命」でした。「何があっても、この子を幸せにしなきゃならない」という強い責任感が湧いてきたことを覚えています。

赤ちゃんがきたその日に、ツイッターでお知らせしました。

1200件を超えるリツイートと、1万4000件以上の「いいね」がつき、その反響の大きさに驚きました。

ネガティブなコメントや反応は1件もなく、すべてが祝福の嵐で、嬉しさと同時に、責任の大きさを痛感し、身が引き締まる思いでした。

池田紀行@トライバル @ikedanoriyuki · 2019年1月22日

急ですが、このたび特別養子縁組の話がまとまりまして、よわい46にして今日から父になりました。この子は22世紀の景色をその目で見る子。人類の発展に寄与するわんぱくな奴に育てたい。しばらくレスが悪くなるかもしれませんが、これからもご贔屓によろしくお願いしますm(_ _)m

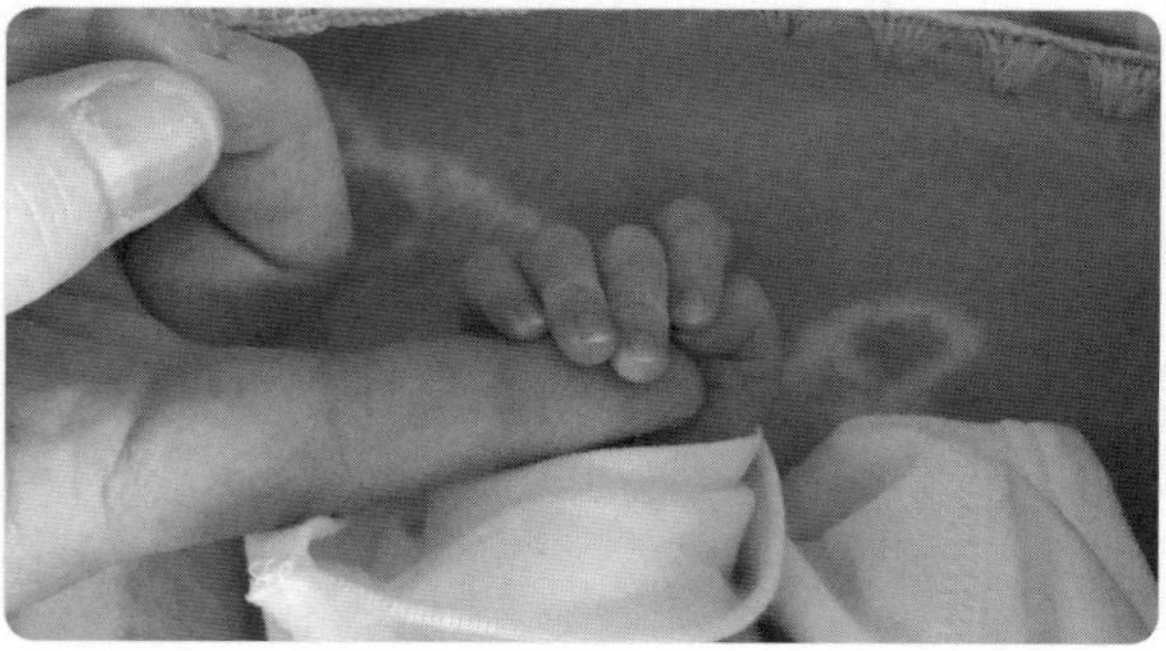

99　1,244　1.4万

夫が特別養子縁組で

養子を迎えたことを

報告した日のツイート

1章

新米パパママの奮闘記

0〜3か月

生後1か月。家族3人でお宮参りに。親戚で代々受け継いでいる男児の着物を着せてもらって。成長ありがとうと感謝を伝えた日

「赤ちゃんを守る！」私の中の全細胞が反応

病院から団体のスタッフとともに自宅に戻ると、大きな声で泣く不思議な赤ちゃんの登場にペットの2羽のセキセイインコが大興奮です。

「リビングに赤ちゃんがいる…」まだ慣れない光景です。赤ちゃんはふぎゃふぎゃと息をして、ときどき目を開け、部屋の様子をうかがっていました。

スタッフからの赤ちゃんのお世話のレクチャーは3時間ほど続きました。後頭部をしっかり押さえた抱っこの仕方や、ベビーバスの沐浴、ミルクの作り方と与える適切な角度、オムツの替え方など、頭がいっぱいなので動画撮影で記録しました（後でこの動画を見返すと、ガチガチの私たちと不安そうな赤ちゃんの目。危なっかしい手つきが懐かしいです）。

すべての親に初めてのときはありますが、自分で産んで育てる場合は、入院中に助産師さんの指導のもと、抱っこや授乳に慣れて、赤ちゃんとの生活にスイッチするイントロ部分があります。

私たちの場合はそのイントロ部分がなく、ある日突然誰かの生活に「ボン‼」と入れ替わったような状態でした。このとき、私の頭に「天使のくれた時間」(日本公開2001年)というニコラス・ケイジ主演の映画が思い浮かびました。何度も観ている夫婦のお気に入りです。ストーリーはウォール街でバリバリ働くニコラス・ケイジが、目を覚ますと2人の子どものパパになっていて、初めてのオムツ替えに悪戦苦闘したり、突然の子育てに奮闘する、けっこう笑える感動作です。

スタッフが帰り、いよいよ私たちだけに任されてしまった赤ちゃん。ニコラス・ケイジを笑っている場合ではありません。

赤ちゃんは、自分で動くことはもちろんできず、置かれた場所にただいるという無力な存在。手を意識的に動かすことができない割に、バタバタさせてタオルケットが顔に覆いかぶさっても自分で除けることができない、危険がいっぱいの寝たきり状態でした。

そんな赤ちゃんを見て、「よくこんな未熟で生まれて、人類は滅びなかったなぁ…」と夫が感心していました。滅びずに人類が続いているのはやっぱり赤ちゃんがかわいいからですよね。お世話は大変だけど、それを上回るくらいお世話がしたくなるかわいさが赤ちゃんにはあります。

「守らなければいけない。守らずにはいられない」自分の中の全細胞が反応していました。「この子とは血がつながっていないんだ…」とまじまじと考える時間はありませんでした。それだけ目の前の育児に必死だったのかもしれません。

鼻がかゆい、頭がかゆい、暑い、寒いなど、すべての欲求を「泣く」で表現するので、どの欲求なのかアタフタと試行錯誤します。思い浮かぶ欲求をすべて満たしても泣き止まないときは頻繁にあり、深夜にリビングをぐるぐる歩き続けていました。

この生活を子持ちの友人たちはクリアしてきたと思うと、驚きと尊敬しかありません。クリアというより、今もなお子育てしながら仕事との両立は継続している。職場で同じように忙しく働いていたけれど、その裏ではママパパ業をしていたのですね。そのすごさを実感しました。

私には、不妊治療を始めてから死産の後に、乳児院で抱っこボランティアをした経験があります。今思えば、1日数時間の赤ちゃんの抱っこボランティアは果たして役に立っていたのか自信がありません。

赤ちゃんが吐いたら「吐きました」、ウンチをしたら「ウンチしました」、と職員さんに伝えて、その後の処理は職員さんが適切にしていました。哺乳瓶も使った後は職員さんが消毒してくれました。衛生面上そういうルールになっていたとはいえ、私がすることといえば、赤ちゃんを抱っこして、丁度良い温度に用意されたミルクを与えて、寝るようにユラユラしたり、笑わせたりするくらいだったのです。

しかし職員さんは「赤ちゃんを抱っこしてくれるだけでいいのよ、出来るだけ人の温もりを感じてほしいの」と言ってくれました。1部屋に赤ちゃんは10人ほどで、いっせいにお腹が減り、いっせいに泣き出します。部屋に職員さんは2～3人、赤ちゃんと1対1のお世話はできないのです。集団養育と家庭養育の違いはすぐにわかりました。

心理学者エリクソンは、人生を8つに分け、その年齢ごとに課題があると唱えています。私がことあるごとに手引きにしているライフサイクル論です。ここには、0～1歳の赤ちゃんは人間の基礎が作られる時期で、「信頼」が課題とされています。

「泣く」というサインに誰かがすぐ応答することで、赤ちゃんは世界から愛されていると感じ、他者を愛するようになるそうです。逆に応答してくれないと課題は達成できず人を信じることができません。この時期に築いた信頼感は一生を支える絆になるとありました。

世話人がやることは、すぐに応答するというシンプルなものですが、赤ちゃんはまだ昼夜の感覚がないので四六時中「泣き」のお呼びがかかるので、これがものすごく大変です。

さらに、愛着形成を築くためには第一養育者が決まっていることが挙げられていました。これも家庭では通常はママかパパがこの役割ですが、ここ乳児院では職員さんはシフト制ですし、職場ですので風邪で休むことや退職もあります。職員さんの中には集団養育の現場での限界を十分理解しながら職務をこなしており、もどかしい思いをされている方もいました。

私が赤ちゃんを数時間抱っこしたくらいでは何も変わらないかもしれないけれど、今、与えた肌の温もりはきっと赤ちゃんに安心をもたらしてくれる、そう信じるしかありません。そして今、我が家にいる赤ちゃんと1対1の関係を作ることができる機会を与えてもらいました。小さい命を前にして責任感は増すばかりでした。

赤ちゃんは私の胸の上で抱っこするラッコスタイルだとよく眠ります。1日のほとんどをこのラッコスタイルで過ごしていました。私のことを床暖もしくはホットカーペットだと思っているのかもしれません。私の心臓の音や息づかいも効果がありそうです。長い長いストローを誰かが開発してくれれば、抱っこしながら飲み物が飲めるのに…。そんなことを考えていました。

部屋で赤ちゃんがニコニコ笑っている。「あなたは何を考えているのでしょうか？この家に来たことをわかっているかな？　今日までの大人たちのドタバタ劇をあなたは知らないでしょう？」と赤ちゃんに話しかけていました。

団体のスタッフさん、実母さん、委託された私たち、出産する病院のスタッフさんなど、たくさんの大人が調整に走り回って「生まれる」までに準備をしました。無事に病院のベッドで出産するのが奇跡なくらいギリギリのケースもあるそうです。

私のほうはこの1週間で目まぐるしくいろんなことがありすぎてヘロヘロ状態でしたが、そんなことは、赤ちゃんが笑っているだけで吹き飛んでしまいます。「無邪気に笑っている。赤ちゃんだもん、それでいいのです。何も心配しなくて良いんだよ」

「お母さん」と呼ばれて胸が躍る

生まれた病院を退院するとき、「ミルクの飲みが悪いので大きな病院ですぐに診てもらってください」と伝達がありました。

我が家に来て2日目、まだ抱っこ紐もなく、バスタオルにぐるぐる巻きで総合病院に赤ちゃんを連れて行ったのですが、何もかも手際が悪く真冬に私だけ汗だくでした。

病院の中はたくさんの患者さんで混んでいて、風邪を引いている人やインフルエンザの人もいたでしょう。内科の前は無意識で早足になりました。ちょっとズッコケても、首がすわっていない赤ちゃんには大打撃となるため、360度気を張って歩いていました。

すれ違うとき赤ちゃんを守るようにぎゅっと胸に引き寄せた瞬間、かつて妊娠していたときの記憶がふわっと蘇《よみがえ》りました。お腹の子を守って電車や階段で注意して歩いていた日。「この感覚、私また『母親』している…」。子どもを守ることは、自分で産む、産まないは関係ないのかもしれないと思った最初の瞬間でした。

赤ちゃんと私たちの苗字は違います。公の場で「養子」ということを告げるのは初めてです。受付の若い女性、小児科の女医さん、スタッフ、すべての人が変な顔1つせずスムーズかつ快い対応でした。「病院でお呼びする名前はどちらが良いですか?」と聞いてくれて、私たちの苗字で呼んでもらえることになりました。そういう選択肢があるのはありがたいです。

担当の女医さんは、一目で優しさが伝わる笑顔の素敵な人で、初めて尽くしでバタバタしている私を察してか、穏やかに説明してくれました。そして、「赤ちゃんはまだ視力がはっきりしないから、抱っこのクセや匂いでお母さんのことを覚えていくんですよ」と話があり、「産んでいない」私にとっては朗報でした。「私の匂いをぜひ覚えてね。あなたのお母さんですよ」

念のために胃のレントゲンを撮影することになり、レントゲン室の前に行くと、おばあちゃんたちに「赤ちゃんだわ。生まれたてよ。かわいいわねぇ」「あ、本当だ。かわいい」と声をかけられました。待合室の空気が、ふわっと明るくなるのは赤ちゃんのパワーでしょうか。

子育てしにくい国、子どもに優しくない国と言われていますが、不妊と比べればずっと周囲の目は優しいです。かつて子どもがいないことで窮屈な思いをしたことがあります。「どうして子どもを作らないの?」と問われ、話を終わらせたくて誤魔化しても「早く作らないとダメだよ」とアドバイスのような押しつけのような会話が続くことがありました。「あなたはお子さんいないけれど、不妊じゃないんだよね？」と直球で聞かれることもありました。

人前で「不妊です」と公言することは簡単なものではありません。子どもがいないとデリケートなことも聞かれてしまう。あの頃私は若く、子どもが授からないことに負い目を感じていたので、ただ耐えていましたが、そんな質問には、寄り添う気持ちはあったのでしょうか。子どもを持つ理由は聞かれないのに、子どもがいない理由はあちこちから問いただされてしまう。子どもを持つ側の意見に変えようとする人もいました。

赤ちゃんを覗き込む顔は、みなさん笑顔。赤ちゃんが今までの分の笑顔をまとめて運んできてくれたようです。子育ては笑顔の中でしたいですよね。

今日1日、「お母さん」と呼ばれるたびに胸が躍っていました。

「お母さんになりたい」そう願ってからどれだけの月日が流れたでしょう。初めてのお出かけは両手が塞がり、トイレも行けず、自動販売機で飲み物すら買えなかったけれど、たくさんの優しさに触れることができたことと、母親としての実感に気づかせてくれたので「病院に出かけて良かった！」と心から思いました。

1週間後、小児科にベビーカーで現れた私に「お母さん、だいぶ落ち着きましたね」と女医さんが声をかけてくれました。私、周囲から見ても相当落ち着いてなかったようです。今日はＳｕｉｃａも準備オッケー。だから飲み物もスムーズに買えます！

レントゲンの結果、胃の形状に異常はありませんでした。肩から力が抜け安堵しました。自分で産んでも我が子の病気の心配はあると思いますが、血のつながりがない分、遺伝する病気のことが不明なので余計に心配していたと思います。

初のベビーギフトをもらった自分に号泣

赤ちゃんは2時間おきにミルクが必要で起きます。それにおつき合いしているとあっという間に睡眠不足になりました。それが2日、3日と続くと私もそろそろ手元がぼやけて目がチカチカしてきました。

我が家に赤ちゃんが来てから4日目、ボランティア仲間のバーバ（孫のいる友人）1号が東京からお世話にやってきてくれました。お孫さんが生まれたばかりで赤ちゃん同士は同い歳のバーバ＆ママ友です。

コンビニ弁当が続いていた私に、すぐに食べられる素敵なお惣菜を紙袋いっぱい買ってきてくれました。赤ちゃんを抱っこしてくれた瞬間、私の手から赤ちゃんが離れ身軽になり、スーーーーッと緊張がほぐれたのがわかりました。

体重というよりは責任感、緊張感が重くのしかかっていたのだと思います。私はそのまま床に寝そべり、正確には倒れ込み、両手両足をぐ〜〜〜んと伸ばすと、肩甲骨に溜まっていた悪い塊が流れていくのがわかりました。「抱っこしているから食べて」と言われて、両手を使って食べるとすごく便利！

「これ、ちょっと早いけれど」と手渡されたプレゼント。水色のリボンをほどき、箱を開けると、中から木製の丸っこい離乳食セットができました。赤ちゃんのお祝い第1号です！　小さな器と小さなスプーンと小さなフォーク。全部小さくてかわいい。

遠くからお世話に来てくれるだけでもありがたいのに、まさかプレゼントをいただけるなんて思っていませんでした。私たちにとって急な出来事なのですが、周囲の人にとっても急な出来事なのです。いつの間に買いに行ってくれたのでしょう。離乳食の器を手に、気づくと涙が溢れていました。自分でも驚くほど涙は止まりませんでした。

実は赤ちゃんが来てから初めて泣きました。病室でご対面のときにも緊張のあまり泣けなかった私。赤ちゃんはとてもかわいい。夢にまで見た赤ちゃんとの暮らしです。お世話できることも嬉しい。でもこの数日、小さな命を守ることに精一杯で、気を張っている状態でした。

きっと赤ちゃんのお世話に来てくれたことで緊張が解け、ほっこりと幸せを感じる余裕が生まれたのでしょう。「我が子へのプレゼントを受け取れる日が、私にも訪れるなんて…」。今までの長い月日が断片的に思い出されました。バーバ友は「あなたが泣いて喜んでくれるなんて、嬉しいわ」と微笑んでいました。

おめでとうで埋め尽くしたい

養子を迎えた報告をSNSに投稿して以来、お祝いを兼ねて、差し入れやお世話にたくさんの友達が訪れました。

出産祝いに囲まれて、赤ちゃんはスヤスヤと眠っています。たくさんの人に抱っこしてもらい、たくさんのプレゼント。私や夫が誕生したときよりもきっと何十倍もお祝いされている赤ちゃんは幸せ者さんです。

幸せは、量ではない、人数ではない。それはわかっているけれど、赤ちゃんがお腹の中にいたとき、予期せぬ妊娠に実母さんは思い悩んだ日があったと思います。妊活中の人が妊娠したらもちろん「やったね！　おめでとう」ですよね。すべては想像ですが、実母さんには「おめでとう」と手放しで喜ぶ余裕はなかったかもしれません。周囲も事情がある妊婦さんには「おめでとう」の言葉はかけにくい状態だと思います。

だけど今、赤ちゃんはたくさんの「おめでとう」をもらって、たくさんの人に抱っこされています。「おめでとう」がたくさん集まれば、過去の分もさかのぼって埋められるような気がしていました。

学校の行事に、地域によって「2分の1成人式」というのがあると聞いていました。20歳の半分の10歳の保護者参観日に行われるもので、「お母さん、お父さん。産んでくれてありがとう」という感謝をテーマにした作文を読むコーナーがあるそうです。

シングル家庭やステップファミリーが多くなり、家族の形が多様化している中で、「お母さん、お父さん」「産んでくれてありがとう」と文面を限定していることに疑問を感じます。この文面で窮屈な思いをする子どもがいるということも理解して、呼称や表現など、文面を限定しない配慮をしていただきたいと思います。

この「2分の1成人式」で「生まれたときの写真を持ってきてください」と先生から指示があり、中途養育の里親さんが困ったという話を聞いたことがあります。10年後、この子が通う小学校に「2分の1成人式」があるかわかりませんが、みなさんがお祝いに来て抱っこしている写真や、遠方から送っていただいたプレゼントの写真、メッセージカードはアルバムに綴っています。欠けているものだけではない。得ているものもたくさんある。アルバムを見ればきっと感じてくれると思うのです。

SNSで「勇気をもらった!」「すごい決断ですね!」といった称賛の言葉に、私たち夫婦は戸惑いすらありました。なぜなら周りに何かを与えようと思って養子縁組をしたのではなく、むしろ子育てしたいという自分たちの願いに突き進んだ結果だったからです。

褒められるようなことは何もしていないというのが正直なところですが、肯定的な言葉の影響力は大きく、「勇気をもらった」という言葉にこちらが勇気をもらうほどでした。初めての世界に飛び込んだので不安はありますが、応援してもらえるのはこんなにも明るく前向きになれるものなのですね。

人とは違う道を歩む人に「そんないばらの道を…」と、良かれと思って心配した言葉をかけてしまいがちですが、何かを決断したり、挑戦している人がいたら、私もまず応援したいと思いました。

「いつか」ではない確かな「未来」

人生のイベントには、就職、結婚、子育て、と代表的なものがありますが、私は結婚したときに自分の人生の「土台」ができたと感じました。身を固めるという古い言い方がありますが、まさしくその言葉がぴったりで、基礎が固まって人生が安定したことを覚えています。

そして赤ちゃんとの生活がスタートして1か月。一言でいうと、土台の上に世界が広がりました。まるで「となりのトトロ」の木がグングン伸びるシーンのように。赤ちゃんがいるので行動範囲はグッと狭くなっていますし、気軽にふらっと出かけられないのですが、世の中にある子ども関連のものが急に自分事になることで、社会とつながっている気持ちになりました。

あるとき、あの有名なテレビ番組「はじめてのおつかい」が放送されていました。

番組をご覧になったことがある方は多いと思いますが、ママにおつかいを頼まれたチビっ子が1人で奮闘する内容です。私は今まで見るチャンスがありませんでした。正直に申しますと興味があまり持てませんでした。

そんな私が、幼い子の一生懸命さがたまらなくかわいい。成長途中の頑張っている姿に感動…。気づけば「かわいいなぁ」と声を出してチビッ子を一緒に応援していました。会ったこともない見ず知らずの人のお子さんなのに、です。

この番組の醍醐味は、テレビの中のチビっ子を見てかわいいと思ったり、ほっこりする点ですよね。そしてもう1つは、我が子や孫と重ね合わせて「あの頃こんなだった」と懐かしんだり、「こんなことができるようになるのね」と将来をワクワクすることです。2つの視点が相乗効果になり、自分事として見ることができたから私は夢中になれたのかもしれません。

この現象はテレビだけではなく、世の中のすべてのことに対して言えることでした。

ショッピングセンターで開催される赤ちゃん向けのイベントはリアルにターゲットですし、それ以外にもどんな年齢の子のイベントでも目に入るようになりました。将来そのイベントが関係する日が来るからです。公園で遊ぶ幼稚園児を見て、「自分で歩いている!! 喋っている!!」と成長に関心を抱いたり、塾に通う少年や部活の練習に励む中学生を見て「立派に育ったなぁ」と知らない子どもにも思うのです。

今までずっと「いつか子どもができたら」と思い描いてきました。それは母の日や、入学式などの特別な日はもちろんですが、生活の中にもその瞬間はたくさん溢れていて、海を見たとき、気持ちいい風が吹いている公園にいるとき、いつかここに子どもを連れて来たいとふと思っていました。

今、目の前で赤ちゃんは成長しています。歯が生えてきて歩くようになって、3年後には幼稚園、6年後には小学生…というように、未来の道の続きが見えるようです。

「いつか」としか表現できなかったあの頃。いつまで「いつか」を使っているのだろう？「いつか」は「いつ」なの？　と、もどかしい気持ちになって、そんな言葉を発している自分に飽き飽きしていた頃。でも自分自身のことだからどうしようもなく、落胆する日もありました。

今、長年思い描いていた「いつか」が実行されています。それは赤ちゃんのオムツを替える、抱っこする、ベビーカーで出かけるという、他人からすると普通のことのようですが、ずっとしたかったことはそんな普通のことでした。

子育ては幸せなドタバタ生活

夫婦の生活はどうなったかというと、私は世話人1、夫は世話人2として小さい王様に振り回されっぱなしの日々を送っていました。

慌ててミルクを作っているとひっくり返してしまう。ウンチのときに限ってウェットティッシュが最後の1枚。ベビー服のスナップを苦労して留めたら1つずれている。ベッドに寝かせようと傾けた途端にパチッと目を覚ます。夕食を食べようとお箸を持った途端に赤ちゃんが泣き出す。

容赦なく次から次に要求してくる赤ちゃん。そしてすべてが緊急。こんなに小さい体で生きるために一生懸命訴える様は、人間はこれくらい自分を最優先にしても良いかもしれないと思わせてくれます。

夫について少し書きます。

夫は「仕事も趣味も100％楽しむ」をモットーにする明るく楽しい人です。仕事では経営者なので人の上に立ち、指示する立場を数年してきました。大勢の前で講演する機会もあり、事業も成長しているので自信もあります。そんな夫がどんな育児をするのか、どんなパパになるのか楽しみでした。夫が赤ちゃんをあやしている姿を見るのを半分あきらめていたので、とても嬉しい光景です。思った以上に赤ちゃんをあやすのが上手で、本人も育児を楽しんでいるようです。

しかし初めての週末、慣れたかのような手つきで赤ちゃんを扱うようになり、「もっと丁寧に扱って！　頭を注意して！」と私に怒られるようになりました。夫は、自分はなんでもすぐにできると思い込むところがあります。この数日で私は、医師、保健師、在宅ケアの助産師などあちこちからいっせいに赤ちゃんの取り扱いの指導を受け、だんだんとコツをつかんできました。

指導されたことを週末に夫に伝えると、私から指導されている感覚になるようで「わかったわかった」と適当にあしらいます。「首をちゃんと押さえて」と言うと「これくらい平気だよ」と独自の判断を下したり、哺乳瓶の消毒を説明すると「発展途上国の水はもっと汚い」と反論してきます。赤ちゃんが泣いていてもすぐに抱っこせず「過保護すぎる」と持論を述べるようになりました。

夫は経営者としてブログを書いていて、そこに、今まで先輩社員が長年かけて構築してきたやり方を、新入社員が「それやる意味あるんですか？」とすぐに言うことに対してやめてほしい、ほとんどのケースで先輩のやり方が正しい、だからまずは指示されたとおりにやって、意見を言うのはそれからにしてほしいと書いてありました。書いているのに…！

夫のことはこれくらいにしておきまして…。

育児とはまさにイレギュラーの連続で予定通りいきません。ついつい「大変」というありきたりな言葉で表現してしまいますが、その大変さを上回る、幸せな瞬間は生活の中にちりばめられています。

赤ちゃんがケラケラ笑ったり、ほっぺのプニョプニョを触ったり、スヤスヤと眠っている体にくっついたり、小さすぎる爪を眺めたり、ほんの些細なことですが、幸せで胸がいっぱいになります。結果、私たちの生活は「大変幸せなドタバタ生活」といったところです。

今まで私たちは適当にパクパク食べて、好きなときに映画を見て、ずっとスマホしたり、ずっと寝たりして休日を過ごしていました。そういう2人の時間はもう十分やってきたのです。

お世話の甲斐あってか、生まれたときには体重3kgの赤ちゃんは1か月で4kgに、3か月で6kgになり、「デカベビー」と言われるほど丸々と成長しました。苦労が報われるとはこういうことですね。目の前に形となって現れると、頑張る活力になります。ここは最も不妊治療とは違う部分です。このことは子育てをしてから何度も感じていました。

親、兄弟、親戚たちの反応は？

養子を迎えるということは夫婦で決意を固めるものですが、夫婦だけのことではありません。できることなら家族の一員、親戚の一員として、赤ちゃんが誕生した家庭と同じように祝福されると嬉しいなと思っていました。

お正月の食事会が終盤の頃、「皆さんにご報告があります！」と夫が発言すると急に静かになりました。一同が集まるので報告するには良い機会だろうと夫の案でした。

そして「もしかしてご縁があれば養子を迎えるかもしれません」と続けたのです。一瞬の間もなくお義姉さんが「すごいじゃない！　いいわね」と肯定的な意見を言ってくれたのを私は忘れません。第一声でその場の雰囲気が決まってしまうことってありますよね。流れが良いものになり食事会の報告は終わりました。

それからしばらくして私たちは赤ちゃんを迎えたのですが、夫の両親が赤ちゃんに会いに訪れたとき、「かわいい。かわいい！」とカメラが赤ちゃんの顔にくっつくほどの至近距離で連写する義母、「じいちゃんだぞー」と抱っこして語りかける義父。その姿にホッとしました。

特に義母は、夫がパパの顔をしていることを嬉しそうに眺めていました。何歳になっても義母にとって夫は息子。息子が親になるってこんなに嬉しいことなんですね。

生後1か月を過ぎ、最初の伝統行事「お宮参り」がありました。準備を進めていると、夫の叔母が男児用着物をすぐに届けてくれました。親戚中の男の子が袖を通して元気に育っているという縁起物です。着物を広げたときに、おめでたい立派な刺繍の着物を前にして、また泣いてしまいました。

「泣くことないでしょ」と笑われてしまいましたが、親戚の子と同じ祝いの着物を着させてもらえるなんて、一族に仲間入りをしたようでした。一緒に焼きたてのパンも添えられていて、育児に追われ食べ物に困っていると思ったのでしょう。その心くばりも、何から何までありがたいです。

そして私は最近よく泣きますが、それは、自分のことではなく、赤ちゃんを大切にしてもらっていると思えた瞬間に涙が出ることがわかりました。自分より大切な人ができるとはこういうことなのですね。

お宮参りは、我が家にとって結婚式以来のおめでたい行事となりました。この日ばかりはボサボサな髪ではなく私も祝いの着物で正装です。30代の頃、子育てを始めた友人と時間の過ごし方に違いがあり、私は趣味に没頭しました。着物を集めていたことがこんなところで役立つとは。夫も珍しくスーツです。天気も良く、早咲きの桜がおめでたさを増していました。出来上がった写真はドタバタしている日の影もなく、素敵な宝物です。

お披露目のお食事会も開き、赤ちゃんは夫の親戚一同に次々に抱っこされ、無事に仲間入りを果たすことができました。

一方で私の親戚はどうだったかというと、養子を迎えた報告をしたときは「養子を育てるのは大変なんじゃないの？」と叔母。「何て言ったらいいんだろう？　おめでとう…でいいのかな」ともう1人の叔母。その言葉やトーンから、心配や戸惑いが感じられました。家族ならなおさらだと思います。よく知らない特別養子縁組という言葉にどう対応したら良いのかわからないといったところでしょう。

弟夫婦に「赤ちゃんを養子で迎えました！」と写真つきメッセージで報告したときには、「ようこそいらっしゃい！」と義妹の第一声。ここでも義理の関係から救いの手がありました。

季節は冬から春へ、赤ちゃんを初めてお披露目したのはゴールデンウィーク。お正月のように祖母宅に集うのが恒例でした。赤ちゃんは3か月を過ぎ、多少遠くまで行けるようになったので3人で遠路向かいました。

みんながどんな反応をするか内心ドキドキしましたが、赤ちゃんとともに玄関から入るや否や、待ち構えていたのは親戚の抱っこリレーでした。

まさに今まで私が見てきた「赤ちゃんを連れてきた人がいたらこうなるよね」という状態になったのです。中央に赤ちゃんを抱いた人がいて、その周りをみんなが囲むあの構図の写真がたくさん撮れました。話題も視線も赤ちゃんが一気にさらって行ったのです。

当初戸惑っていた叔母は、「いろいろ考えを巡らせていたけれど、赤ちゃんに会ってしまうとかわいいわねぇ」と目を細めていました。赤ちゃんの笑顔にすっかりやられたようです。

もう1人の叔母は「増えるって良いわ」と悟るように大きく頷いていました。家族が増えることは当たり前のように思えて当たり前ではないのです。

大人たちはいろんな考えはあるものの、私たち夫婦の選択を尊重して何も聞いてきませんでした。弟夫婦には5人の子どもがいますが、みなワイワイと赤ちゃんを囲んでいました。彼らにとっては初めての「イトコ」です。赤ちゃんの名前を何度も呼び、「マジかわいい！」と今時の言葉で歓迎してくれました。

6人目の兄弟のようにあっという間に仲間です。この世に生まれた者同士、誰も違わない、いえ、もっと言うとみんな違う。でも違う部分を見るのではなく子どもは仲良くなれる。子どもの心に見習うところがありました。

その後叔母から、特別養子縁組で赤ちゃんを迎えた瀬奈じゅんさんの新聞記事の切り抜きが送られてきました。「余計なお世話かもしれないけれど、参考になるかと思って」とメモが添えられていました。養子を迎えた家族がその後どんな暮らしをしているのか、叔母なりに気になっていたのでしょう。瀬奈じゅんさんが幸せに暮らしている連載の内容は、私にも支えになると思って気にかけてくれたのです。

私たち夫婦は特別養子縁組のことを調べて研修を受け、心に決めて現在にたどり着いていますが、親戚にとっては養子縁組のことを当事者として考えた機会がありません。このように瀬名さんの記事は、少し先の養子縁組ファミリーのモデルとして安心材料の役割を果たしていました。

叔母はそれから何度か我が家の赤ちゃんに会いに来てくれます。「本当に今日はたくさん遊べて楽しかったわ！」と帰宅後にメールをくれるほど夢中です。

先に、養子を迎えることは夫婦だけのことではないと書きましたが、それ以前に、夫婦の人生でもあります。自然に妊娠する場合は「産んでもいい？」というお伺いを親戚一同にしませんよね。夫婦だけのことではないけれど、本来的には親戚一同で多数決で決めるようなことでもないと私は思っています。

この輪に仲間入りする養子にとって、すべての人が祝福してくれることが望ましいです。そして血縁にこだわり、血縁以外を認めないという人がいるなら理解してもらうように努力するのは夫婦の仕事でしょう。なぜなら養子が育つ上で、傷つくことや差別的な言葉をかけられる可能性があってはいけないからです。

日本の社会的養護の現状までを詳しく把握しなくてもいいですが、「少なくともどこで誰から生まれても同じ人間、親の事情や出自によって子どもが線を引かれることはない」という基本的な考えを周囲の親戚にも持っていていてほしいです。

孫ができた、甥ができたと周囲に報告したとき、親戚も周囲からの様々な反応を受けるでしょう。そのときにその基本的な考え方がフラフラだと曖昧な回答になってしまいます。赤ちゃんを守るための環境を整えると思って頑張ってみてください。

養子をどこまで知らせるか

「養子であることをどこまでお知らせするか」という問題はすでに始まっていました。赤ちゃんがこの地で成長するためには、ご近所さんへの周知と理解は欠かせません。妊娠していないのでお腹が大きくならないのに、急に赤ちゃんを連れて歩いていたら誰でも不思議に思うでしょう。

私たちは3年前に今の場所に引っ越して来たのですが、すぐにこの地域の心地よいつながりを感じました。以前は同じマンションの住人だとしても挨拶もほぼなく、お互いに干渉しないことが暗黙のルールのように暮らしていたのです。

しかしここは小さい村のようなところで、地域の人が地域を良くしていこうという自発的な意識を持っていて、ご近所同士の交流もよくあり、ホームパーティーやサーフィンなど仲良くしてもらっています。この村に私たちは根を下ろして生活するのですから、赤ちゃんもここで成長していくのです。

社会的養護が必要な子どもへの社会の理解が日本全体で進むことは、私の大きな願いです。しかしその前に自分の周りの身近な人の影響力は大きい。たとえ社会の流れが良い方向に行かず冷たく感じたとしても、理解者がそばにいることは心の支えになります。

逆に、社会の理解が進んでも、身近な人に理解してもらえないと苦しみや悲しみは増します。家族、親戚、近所の人、友達がそれに入ります。赤ちゃんが生きやすい環境を今から築くことも親の役割の1つなのです。

初めての週末、ご近所のパパさんが大きなプレゼントを抱えてお祝いに駆けつけてくれました。ご自身も子育て中に愛用されていたというキャラクターの巨大メリーです。赤ちゃんが夢中になっているすきに親がご飯を食べられるという優れもの。3分、うまくいけば5分くらいは誤魔化せます。

そして、「ママが1人になれる時間を作ってあげてくださいね！」と夫に忠告していました。「男性なのになんてわかっているんだろう！」と感激しましたが、男女は関係ないのかもしれません。ワンオペ育児の苦労を経験した人だからこその言葉ですね。私にはひどくしみました。

続いてお隣さんに会い、赤ちゃんを迎えたことを告げると、その足で立ち寄ってくれました。お庭越しのお隣さんにご挨拶をしたところ「ちょっと待って。そちらに行くから、抱っこさせてちょうだい！」とわざわざこちら側に出向いてくれました。

そのまた先のお隣さんは「生まれてきてくれてありがとう。良かったな」と赤ちゃんを抱きながら涙ぐんでいて、私もその涙につられてもらい泣き。赤ちゃんを迎えてから普段の付き合いでは見ることのなかったご近所の方々の一面に触れています。

お魚屋さん、お肉屋さんはこの村には1軒ずつあり、赤ちゃん連れで買い物に行くと「あら奥さん、赤ちゃんいたのね！」と予想通り驚かれました。最初が肝心なので「養子を迎えたんです」と笑顔で答えると「あらそう！　そりゃいいことだねー」とどちらの店主も喜びの声。

赤ちゃんもすかさずスマイル。こういうときにタイミングよく愛想を振りまいてくれる赤ちゃん。こちらは助かります。赤ちゃんに笑いかけられると大抵のおじさん、おばさんは「あらかわいい！」と言ってくれるのです。「私たち幸せです」とわざわざ言わなくても、幸せな雰囲気は赤ちゃんの笑顔で表されていました。離乳食が始まると、新鮮な魚と肉のおかげで味のわかる食いしん坊に育っています。

私が大きな荷物を持ったり動き回っていると「お母さん産後なのに元気ですね」と気遣われることがありました。たしかに、産後は歩くのも大変なときです。こういう話題になったときは「私は出産していないんです。養子なんですよ」と答えています。

また、「大きい赤ちゃんですね。お父さんは身長高いんですか？」と聞かれることも1回や2回ではありません。誰しも血がつながっていること以外は想定していないので、普通にそのような「似ている」などの遺伝子ワードが飛び交います。「どうだろう。会ったことがないんですよ」とうっかり言うと相手は凍りつくので、慌てて「養子なんですよ」とつけ加えます。つけ加えても目が点なのですが。

テレビなどで「養子」のワードは聞いたことがあっても、ほとんどの人がその家庭と関わりがなく遠い存在だと思います。特別養子縁組の成立数は年間500件ほどで、欧米に比べ社会的養護の中の割合もかなり少ないものです。

伝えたときの相手の反応は様々です。「え！　ふーん。え?!」と2度驚く人や、「どこで、どうやって？　海外からですか？」という人もいました。一通り驚いた後には「そうなんだ。良かったね」と祝福してくれてありがたいです。

外国人にも伝えたことがありますが、「このレストラン良いですね」のトーンと同じくらいに「そうなんだ。養子ですか。良いですね」とごく自然なものとして扱われました。海外では特殊なことではないとは知っていたものの本当にあっさり！　日本はまだこれからですが、ここ数年の変化を肌で感じています。

養子であることをどこまで公にするかということですが、悩む場面もあります。

先輩養親によると、出産した病院の話、母乳の話、自然分娩か帝王切開の話になると気まずいとは聞いていました。私にもついにそのときは訪れ、赤ちゃんイベントに参加して市販のミルクを飲ませていると「母乳は全然出なかったんですか？」と主催者スタッフに聞かれました。

母乳は確かに出ないので「出なかった」と答えても嘘ではないけれど、もしかしてその先の話が「おっぱいマッサージは試しましたか？」「食べ物を変えてみましたか？」と続いてしまうかもしれないと感じ「実はこの子は養子なんですよ」とカミングアウトしました。ママ友が一緒だったので、誤魔化したくありませんでした。

私にとってはカミングアウトというほどのものではないのですが、言われた側はハッと顔色を変えて「ごめんなさい。変なこと聞いちゃって！」と焦りました。「いえいえいえ、全然なんともないです。びっくりしますよね」と返しています。

郵便局に赤ちゃん連れで行ったとき、「あれ？　お子さんいたんですね」と窓口で聞かれ、郵便局や銀行などの機関にまで知らせる必要はないと思い、「ええ、そうなんですぅ」と答えると「あれれ？　妊娠していましたっけ？」と突っ込まれました。

よく見ていらっしゃる。都会では考えられないかもしれませんが、この小さい村では郵便局は地域密着型、住民の憩いの場になることもあり、世間話の1つや2つはするのです。「養子を迎えたんです」と答えると、やはり…「ごめんなさい！」という流れに。謝らせない何か良い方法はないものでしょうか。

ママ友との関係ですが、地域の支援センターで、同じ月齢のママ友が3人できました。養子と伝えるタイミングですが、私の場合は2〜3回会ったときに話しました。ママ友は大きな驚きもなくすんなりと「そうなんだね、よかったね」という反応でした。養子と伝えた前後で、変わりなくおつき合いをしてくれて、本当にありがたいです。もともと多様性への理解が寛容なのは若い世代だからでしょうか。

この先、新しく出会う人が増えていくと思います。幼稚園、小学校、中学校…と新しい集団の中ではどうなるかまだまだ未知ではありますが、その都度考えていこうと思っています。

ただ、1つ私の中で決めていることがあります。それは養子の事実を隠さないということです。必要以上に公表はしません。例えば通りすがりの人に「赤ちゃんかわいいね。似ていますね」と言われたときに、養子とは言わず、「かわいいね」という言葉をありがたくちょうだいしています。

今、赤ちゃんは言葉がわかりません、でもすぐに、言葉やその空気を理解していきます。もしも誰かとの会話の中で、私が誤魔化したり、嘘をついて「普通」の家庭を装ったら「僕のことを隠している」「養子は悪いことなの？」と思ってしまうかもしれません。必要以上に公表しないけれど、嘘はつかない、ということです。

「普通の家庭というものはないし、養子も実子も同じで隠すことはない」という軸をしっかりと持っていきたいと思っています。

今度こそ赤ちゃんを失いたくない

スヤスヤ眠る赤ちゃんがあまりにも静かで、ハッとして口に手を近づけたことがありました。また他の日には胸に耳を当てて心臓の音を確かめたこともあります。「動いている。良かった」、そんなことで何度ヒヤヒヤしたことでしょうか。

お腹の子を死産した過去の経験は、私の人生に深く刻まれていました。お腹の赤ちゃんには私しかいなかったのに、気づいてあげられなかったのは私の責任です。責任といっても、命が生き返ることはないのですから、責任という言葉を使うこともはばかられます。

今、再び赤ちゃんの前には私しかいません。

0歳児の事故の8割は窒息死で、日常の中で事故は起こっていました。子育てサイトの事故事例を見ると、ベッドと壁のすき間に顔が挟まった、寝返りしたけど戻れず埋もれた、ベビー服のボタンが取れて食べていた、ベッドからずり落ちたなど、ちょっと目を離したすきの出来事がたくさんありました。

市役所の子育て課や小児科から事故防止のプリントが配布され、特に0〜3か月は「決して目を離さないで」「赤ちゃんを置いて出かけないで」としつこく注意されていました。

お腹の赤ちゃんを失ったとき、医師から「今度妊娠したときは、不育症の知識のある病院に管理入院したほうがいいですよ」と言われました。医師も周囲も他人なので、「今度は気をつけよう」という言葉が簡単に使われてしまいます。私にとってはこの命、今度とは別のたった1つの命でした。

私は妊娠中、毎日お腹の子のことが心配でたまらなかったのですが、その都度周囲から「大丈夫。順調。心配しすぎ。気分転換すれば…」と言われ打ち消されていました。

そういう経験をしているから、命の尊さを強く感じるかのかもしれません。あのときを繰り返したくはないのです。

危ないと言われていることを守っているだけなのに、「神経質になりすぎだよ」と言う人がいます。「少しくらい赤ちゃんを置いて出かけても大丈夫だ」と。でも仮に何かが起きたとしても、あのときと同じように他人事だろうと思います。

あるとき、3児のママに「赤ちゃんを置いて出かけているほんの一瞬の間に洗濯物の1枚がひらひら落ちて顔にかかるかもしれないと考えたら心配」と言われました。ベテランママでも危険なことはしっかり押さえて気をつけているのです。

そんな万が一のことを考えていたらキリがないと思われるかもしれませんが、万が一のことを考えずにはいられませんでした。

神経質というマイナスイメージの言葉をかけるのは、きっと「神経質になりすぎて疲れが出ませんように」というねぎらいの意味合いでかけているのかもしれません。

でも、同じ事柄でも「いろいろ考えて気をつけているんだね」「赤ちゃんを大切に育てているんだね」「頑張っているね」という肯定の言葉をかけられたとき、認めてもらえたようでホッとしました。

私はカウンセラーとして困っている人の話を伺い、言葉がけをする支援側の仕事をしていますが、今回、私生活は支援を必要とする側に転じ、たくさんの気づきがありました。この育児を通じて、改めて言葉の与える力を感じているところです。

夫に起こった大きな変化

「私は産んでいない。だから他のママより体が元気」と思っていましたし、周囲にもそう思われていました。養子を希望したのは私なので、なんとしてもこの育児を乗り切りたいとも思っていました。

しかしすぐに「1人育児」の限界はやってきて、人は眠らないと正常に生きていけないとわかりました。赤ちゃんのミルクのたびに起きているので、睡眠は2時間刻み。ずっと飛行機の中にいるような状態でした。初めての週末に夫と「2人育児」をしたときに、2倍も3倍もできることがあり、それでようやく丁度良い人員配置でした。

養子縁組ファミリーには10か月の妊娠期間がありません。突然生活が変わるということは頭では理解し、大忙しになることへの覚悟はしていましたが、そのためにどんなことが起きて、私たちはどんな注意をすれば良いかを深く考えていませんでした。思いつくことといえば、「一気にベビーグッズを揃えるのが大変だろう」ということくらいだったのです。

かつて私が、ひどいつわりで寝込んでいたとき、夫に「あなたのご飯だけでもお義母さんに届けてもらって」と涙を流して言ったことがあります。念願の妊娠をしたのに泣いている妻を見て、夫はひどく動揺していました。

次の日の全社員朝礼で、まだ5週なのに妻の妊娠を報告し、夫は「残業なしで帰宅する」と宣言したのです。食材を買い込んで帰宅した夫は夜ご飯と翌日のご飯を作り、スポーツドリンクを薄めた水をベッドまで運び、献身的な介護をしてくれるようになりました。

体調が悪く起き上がれない。気持ちが悪く、走って洗面所に駆け込む。徐々にお腹が大きくなって動作が鈍くなる。そんな妻と過ごす期間は、自然と手助けする気持ちが湧いたのでしょう。

通常はお産のとき、妻は入院しますよね。その間に否が応でも家のことをすべて夫がすることになります。

そして、出産予定日を中心に予定を組むでしょう。子育てをスタートするまでに生活を整える意味で妊娠期間は必要なのかもしれません。今回、私たちにはこの期間はありません。出産予定日はなく、突然育児が始まることになりました。

朝、キッチンのシンクに溜まった食器の山を見ると心が荒《すさ》んでいきました。哺乳瓶の消毒が間に合わず、あと2本、あと1本とスレスレのところでやりくりしていました。眠れていないので爪はガタガタに割れ、消毒液で手は赤切れ状態でした。

夫は赤ちゃんが好きですが、平日は関与しません。育児の大変さを訴えても「俺のスタイルは変えない」と取り合ってくれず、旅行にも出かけていきました。「これがかつてつわりで苦しんでいる私に、献身的な介護をしてくれた同じ人間ですか？」と落胆したことも。

こうして産後の苦労は刻まれ、熟年離婚するご婦人たちは「あのとき、あなたは…」と30年前、40年前にさかのぼり、子を産んだ直後のことを持ち出すんだなと妙に納得したのです。

助産師をしている夫のイトコに何度相談したことでしょう。イトコは多くの産後ママを在宅ケアしている立場でその道のプロでした。子育てのストレスのほとんどは「パパ！」と断言していました。夫婦の話し合いの仲介をしてくれたこともあります。良い年の夫婦が家庭の恥をさらすようで情けないのですが。

こんな夫婦の話をなぜするかというと、養子を迎える夫婦にどんなイメージをお持ちでしょうか。「素晴らしい人。心優しい人。慈悲の心に満ち溢れていて尊敬できる人。優れた人格の備わっている人…」、私たちが養子を迎えたことをＳＮＳで公表したとき、「おめでとう」の祝福とともに「すごいですね、尊敬します」というコメントもたくさんいただきました。

しかし私たちは尊敬されるような人間ではありません。思いやりがなかったり、協力不足や未熟な部分がたくさんありました。それぞれの仕事をしている分には見過ごされていましたが、赤ちゃんが来てからは天から試されているようでした。

そんな夫に変化が生じたのは、生後3か月をすぎた頃。

私が仕事で出かけたときのことです。この日は夫に早退してもらい、14時からバトンタッチ。夫が1人でお世話をするのは初めてです。

仕事を終え、ご飯を食べて帰宅すると、赤ちゃんはまだ起きていました。夫は赤ちゃんを抱きながらＤＶＤで映画を見ています。テーブルには手がつけられていないカップラーメン。「何もできないっ！　俺、ご飯食べてないから代わって！」という言い方でイラついていることがわかりました。

赤ちゃんは同じ服を着ていたのでお風呂に入ってないことはわかりました。夫は常々、あたふたしている私を見て、「俺はマルチタスクができる」と言っていました。夫に言いたいことはたくさんありましたが、黙って赤ちゃんを2階に連れて行き、「今日はお風呂ごめんね」とそっと謝り、ベッドに寝かせるとコックリ寝ました。24時でした。夫がいつも帰宅する時間です。カップラーメンをすする音が勢いよく怒っていました。

かつて夫は「赤ちゃんが寝ている間に君は眠れていいよね」と言っていました。育児中のママがテンパる漫画が面白いと勧めてきたこともありました。「美容師さんはご飯を食べる時間がなく、みんな早食いで胃を壊している」と教えてくれましたが、隣にいるあなたの妻も同じ状況だと思います。

仕事が忙しいのはわかりますが、せめて「ありがとう」「お疲れ様」という言葉があると1人でする育児の気持ちはだいぶ違ったと思います。半日1人でお世話をしたことは、夫にとって必要な経験だったと思います。ここは太字で書きたいくらいです。

その次の日からゴールデンウィークが始まり、夫は10連休に突入しました。その経験を経て見違えるように変わった夫との「2人育児」は本当に楽しかったです。何が違うかと聞かれると「心」としか答えられませんが、相変わらず小さい王様に振り回されて育児は大変極まりない状態ですが、そのドタバタ生活を一緒に笑える人がそこにいるのといないのでは全く違うのです。

ママ友ではなく、育児プロでもなく、この子のパパママとして一緒に体感することが育児には大事でした。この連休は夫にとって育児休暇のような働きをしてくれて、夫はどんどん変化していきました。そういう意味では男性の育児休暇は必要ですね。

10連休明けに仕事に向かう夫は「行ってきまーす！」とスキップするかのように出社しました。普段なら連休明けはペースが変わりだるくて辛いはずですが、今回は違うようです。

帰宅した夫に「久々の仕事はどうだった？」と聞くと「全員が大人だった！」とスマイルで答えました。仕事は大変です。お金を稼がなければ、私も赤ちゃんも生活できません。それはわかっています。

毎日往復3時間の通勤時間、それも大変でしょう。でもその通勤時間さえも自分の時間。ランチも店で注文すれば出てきます。赤ちゃんのお世話の一日はあっという間で、自分のことは何1つできません、誰とも話をしないので、昨日と今日がわからなくなっていくのです。

連休明けから、夫はゴミ当番になり、食器を食洗機に入れるようになり、自主的に掃除機をかける姿は眩しかったです。「土日のうちに洗濯しておこう」と言ったり、伸び代がいっぱいありました。最終的には「俺ができること、何かある？」と聞くようになり、以前とは違う人と住んでいるようです。

夫婦はおかげさまで牛の歩みかもしれませんが成長しています。いうまでもなく赤ちゃんの成長のほうが早いです。まずは天皇即位で長い連休になったことに感謝しかありません。

夫の回想コラム

PART 2

そのとき、夫はどう感じていたのか、何を思っていたのか

――赤ちゃん0～3か月頃

今まで自分中心に、結婚してからも、大人2人が自由気ままに生活をしてきたため、「自分（たち）以外の誰か」にすべての生活を合わせる（捧げる）ことに慣れることができず、混乱していました。

今思い返すと、父としての自覚も、夫としての自覚も、相当足りていなかったと思います。

妻は、赤ちゃんを抱っこした瞬間からオキシトシン（愛情ホルモン）がドバドバ分泌され、すでに体中の全細胞が「母親」に入れ替わったようです。献身的に赤ちゃんの

お世話をし、全愛情を注ぎ込んでいます。

一方の僕は、「かわいいと思わなければならない」、「妻と同じくらい、この子を愛さなければならない」といった義務感や焦燥感のほうが大きく、ずっと戸惑っていたように感じます。

一番の反省点は、最も大変と言われる第一子の0~3か月期に、文字通りボロ雑巾のように疲れ果てている妻に対して、何ら父親らしい、夫らしいことをしてあげられなかったことです。

その頃の僕は、「養子は夫婦2人共通の決定」としながらも、どこかで「妻の希望を叶えてあげた」と考えている節があったように思います。それが、「妻は自身の希望を叶えたのだから多少辛くてもしかたがない」、「一方の僕は、叶えてあげた側だから、それをできるときにサポートする役割」「オレはオレの仕事をしているんだ」という、全世界を敵に回し、すべてのママたちからこれ以上ないほどの軽蔑の目を向けられても言い訳ができないくらい、意識の低い、勘違いした人間でした。

「穴があったら入りたい」とはこのことです。

結果、2時間おきに起きてミルクを欲しがる赤ちゃんに、週末こそ手助けするものの、平日は「俺、明日早いから」と、妻任せにしていました。

赤ちゃんが来る前から、掃除や洗濯などの家事は、それなりに協力してやるほうでしたが、結局、その頃の僕はといえば、その延長線で、「できる範囲のことをそれなりに」という育児でした。

妻のストレスが爆発したのも、無理はありませんでした。

――初めて1人でお世話した日

今までの育児といえば、週末、「妻と一緒に」行うもので、かつ、「僕でもできること」

をしているに過ぎませんでした。

しかし、3か月くらいが経った頃、妻が大学の講師として半日家を空ける日が来たとき、遅ればせながら（しかもたった半日ですが）ワンオペ育児の大変さを痛感することになるのです。

今まで大人としか接してこなかった僕は、「言うことを聞かない相手」とどう接して良いかわからず、途方に暮れました。「言うことを聞かない」と言っても、まだ生後3か月です。いたずらをしたり、あちこちのものを壊したりするわけではありません。とにかく泣く。泣き止まない。

ミルクをあげても、おむつを替えても、抱っこして1時間以上ゆらゆらしても、泣き止まない。

寝かしつけようとしても、少し傾けてベッドに寝かせようとすると、すぐに起きて泣き出してしまう。

トイレにも行けない。ご飯も食べられない。

「仕事をしているほうが100倍ラク」という言葉を聞いたことがありましたが、「なるほど！　納得！」と思いつつ、「泣きたいのはこっちだよ…」と鼻をへし折られた経験でした。

でも、この日を境に、妻が毎日、どれだけ大変なことをしてくれているのか、わかるようになりました。できる限りのサポートをしなければならないと心を入れ替える良いきっかけになりました。

―― 養子を伝えたときの周囲の反応

会社、友人、親族、全員が祝福してくれました。

私たち夫婦が長年不妊治療を続けてきたことや、流産や死産を経験していることを知っていることもあってか、念願の赤ちゃんを授かったことを心から喜んでくれたように思います。

一番、気になったのは、僕の両親の反応でした。

「なぜそんな苦労をわざわざするのか」という反応ならまだしも、「血のつながらない子を親族として考えることはできない」と言われてしまったらどうしよう。

もちろん、そんな反応が返ってきたら、納得してくれるまで、何度でも話し合いを重ねる覚悟はありましたが、誰よりも祝福してほしい両親が、「あなたたち夫婦の決断なら反対はしないけれど…」という微妙なものであった場合、それは、この子が大きくなるまでばかりか、一生、本当の家族として認めてもらえない怖さがありました。

特別養子縁組を考えていることをお正月の集まりのときに発表したとき、幸い、兄夫婦を含め、みんなが賛同してくれて、心からホッとしました。

両親は、初めて赤ちゃんを抱っこした日からデレデレで、いつも会う日を楽しみにしてくれています。

特別養子縁組において、夫婦2人の心からの納得と協力体制は言うまでもなく重要ですが、2人の夫婦が3人の家族になることは、両親や兄、親戚を含めた「親族の一員」になることです。

赤ちゃんが親族の一員になることを、叔父や叔母、イトコを含めたすべての親族が心から祝福してくれたことに、心から感謝しています。

――養子を迎えることと、仕事とのバランス

正直言って、妻から特別養子縁組を真剣に考えたい旨の「最後通告」をもらったとき、一番悩んだのが「仕事とのバランス」でした。同じように気になる男性は多いか

もしれないと思い、ややドライかもしれませんが、そのことについて書きます。

30代の頃創業した会社が急成長段階だったため、平日3～4時間の残業は当たり前。仕事も脂が乗り始めていた頃。やればやるほど成果が上がるので楽しくて仕方がありませんでした。会食も週3～4回入っていて、ほぼ毎日24時過ぎの帰宅。何よりも仕事優先の日々を送ってしまっていましたが、冷静になって考えると、もっと妻に向き合う時間をとるべきだったと反省しています。

ここで、特別養子縁組に一歩踏み出したら、(当たり前なのですが) 今までのような、自由気ままな仕事中心の毎日は送れなくなる。残業も、会食も、週末仕事も、ほとんどすることができなくなる。

幸い、会社の経営は軌道に乗り、今では僕がいなくても、たのもしい仲間がほとんどの業務を巻き取ってくれています。

それでも、僕の業務時間が（残業や週末仕事がなくなることで）年間数百時間減少すれば、間違いなく会社の成長に影響を与えるはず。

そう考えると、「妻のため」、「これからの2人の人生のため」と決断した想いも、少したじろいでしまう自分がいました。

決断してもなお、うじうじとそんなことを考えてしまっていた情けない僕ですが、今、息子を迎えて1年以上が経過し、改めて日々の日常を振り返ってみると、「なんとかなってしまうものだなあ」と感じます。

そして同時に、「仕事を犠牲にして育児をする」という感覚も、驚くほど少ないことがわかりました。

もちろん、残業は大幅に減りました。週末に仕事をすることも、現在はほとんどありません。でも、無制限に仕事をすることができなくなったことで、逆に仕事の計画性や生産性が劇的に向上した気がします。

経営の世界では、「制限や制約があったほうが、創造性やイノベーションが発揮されやすい」と言います。この法則は、僕にもちゃんと当てはまったようです。

―― パパになったと実感したとき

「あ！　俺、パパになったんだな！」と感じた瞬間は、あったのかもしれませんが、思い出すことができません…。

でも、しいて言えば、夜中に大きめの地震があったとき、寝起きさますぐ妻に「赤ちゃんは（大丈夫）⁉」と叫んだとき、すでにパパになれていたのかもしれません。

生後8か月。すっかり成長し、ハイハイでどこまでも進み探検の毎日。生後3か月までのドタバタ子育て期も過ぎ、穏やかで平和な暮らしになった頃

ついに入籍！実子となる

4か月〜1歳

2 章

日常になっていく幸せな日々

4か月をすぎた頃、赤ちゃんが寝返りをしました。1回成功すると簡単に連続技を決めるようになり、上を向いたままで動けない寝たきり状態から脱し、ご機嫌です。ゴロゴロと体を動かして疲れるせいか初めて「昼寝」をしました。遊びながら寝ているのです。「かわいい！」

夜は5時間ほど寝てくれるので、私の睡眠不足が解消されると同時に心も穏やかになりました。24時間労働のブラック企業から、激務の職場に転職したようでした。赤ちゃんのお世話を振り返ると、やっぱり生後3か月までがとてつもなく大変でした。この3か月が肝ですね。自分へのメモです。

5か月のとき、気づくと赤ちゃんはプレイマットからほふく前進で脱出していました。ハイハイが始まったと思ったら、つかまり立ちをしてめまぐるしい成長です。

このときに撮った動画には、赤ちゃんの立つ動きに合わせ「よいしょー！」と夫の大きい掛け声が入っていて、赤ちゃんも誇らしげにニンマリ。夫婦で「わーーー！」と大喜びしている姿が収められています。これを見るたびに幸せな気持ちになります。昨日できなかったことが今日できるようになる。そのとき隣にいられる。人間の成長を継続して間近で見守ることができる貴重な体験をさせてもらっています。

6か月のある朝、目を開けると目の前に赤ちゃんの顔が接近し、私をじっと覗き込んでいました。いつから私を見ていたのだろう。そして「マッマー…」と言ったのです。私をママと認識してママと呼んでいるのかは不明ではありますが、初めてママと呼ばれた日でした。

それからは「オモチャが取れない」「立っちしたけどそこから元に戻れない」「扉の向こう側に行きたい！」と何かにつけて「ママー!!」とお呼びがかかります。生きるために世話人を把握しているんですね、賢いです。

休日は夫婦のベッドにのそのそと上がり込み、2人の真ん中に収まるのが定番のポジション。私と夫を交互に見て、安心した顔でニンマリ笑います。自分のベビー枕を手に持ってやってくることもあり「天才！」です。赤ちゃんは一方的にお世話される存在から、家族の中心、笑いの中心になっていきました。

離乳食が始まり「今日は人参」「今日は大根…」というように、スプーン1さじから与える行為はまるで実験。初めて納豆を食べたときはすごく面白い顔をして笑わせてくれました。赤ちゃんはもう立派なパートナーです。夫は努力して平日も早めに帰宅するようになり、平和な生活を送っていました。

ふと、この幸せな日々に慣れている自分がいました。お母さんと呼ばれて胸が躍ったこと、ベビーカーを押している姿、家族3人がベッドに並んで寝転がっている。これが普通になってきている。この日常は自然にやってきたことではない。たくさんの奇跡が重なり赤ちゃんは我が家にやってきてくれた。このことを忘れてはいけないのですが、夢見ていた日々が毎日訪れるのでそれに慣れてしまうのも人間なのでした。

産婦人科を舞台にした連続ドラマ「透明なゆりかご」が再放送されていました。流産や中絶、不妊、毎回のテーマは決して楽しい内容ではありません。最終回の内容は、お腹の子に病気が見つかり産んでも長く生きられないと診断される話でした。

妊婦は産むことを決意しますが、波打ち際で遊んでいる3人の親子をぼんやり見つめ、「私たちも頑張ればあんな風になれますよね…」と看護師さんに問いかけます。しばらく沈黙して「なれないんですよね。やっぱり」と自分で答えて涙を堪えるシーン。

このシーンは私がかつて抱いた想いと重なりました。不妊治療に行き詰まったとき、流産したとき、死産したとき、街ゆく親子の何気ない日常が自分の未来には訪れないかもしれないと目を背けたことがありました。

今、私の隣には赤ちゃんが確かに存在しています。触れられる。温もりがある。生きているってすごいことですね。「うちに来てくれてありがとう」と赤ちゃんを抱きしめて涙が止まりません。かつての自分の気持ちをドラマが思い出させてくれました。「今、私がいる生活はあのとき願った未来」なのです。

赤ちゃんは泣いている私にポカーンとしていましたが、いいんです。ときどき「今」の幸せを確認させてね。

養子縁組あっせん団体の訪問

赤ちゃんを迎えてから、あっせん団体の家庭訪問がありました。審判確定まで養親を支えてくれるアフターフォローの一環です。出産した病院とつながりがない私たち養親にとって、団体のスタッフさんはとても心強い味方でした。

1回目は生後1か月を過ぎた頃で、周囲との関係で困っていることがないかというヒアリングと、赤ちゃんの発達のチェックが主なものでした。

児童の発達に詳しい助産師さんが、赤ちゃんの目の前に手を差し出してじっと待ちます。すると催眠術にかかったかのように赤ちゃんの手が吸い寄せられて助産師さんの手にタッチ。私も夫も赤ちゃんが自分の意思で手を動かしていることに驚き、声が出ません。

寝ているだけと思っていたのは親ばかりで、きっかけを与えると爆発的に脳が発達することがこの実演でよくわかりました。

言葉を発することができない赤ちゃんとの最初のコミュニケーション。すればするほど赤ちゃんの表情は豊かになりました。

2回目の訪問は生後7か月のときでした。赤ちゃんの寝る時間が徐々に遅くなり23時頃まで元気に起きていることも頻繁にありました。大人のほうが先に寝落ちしてしまうことを相談すると、赤ちゃんが自然に寝る方法をアドバイスしてくれて、この日を境にいきなり20時に寝ました！　すごいです。あっせん団体のプロ集団！

その他、キッチンでおかゆを作ったり、離乳食の与え方や便利な作り置きについても教えてもらいました。やっぱり本やネットとは違い、一緒にすると一目瞭然でした。

家庭訪問以外には、育児日記を記録して月末に写真とともに提出していました。ミルクの時間、オムツを替えた時間、24時間のタイムスケジュールを細かく記入します。

一見すると面倒に感じるかもしれませんが、月齢ごとのミルクの量や、離乳食の進み具体もチェックしてくれるのでありがたいものでした。特に気持ちの変化を記入する箇所があり、心配なことを書くとすぐに電話をいただけたときは見守られていることを実感しました。後述しますが、養子を迎えた後のフォロー体制はあっせん団体を選ぶ重要ポイントでした。

子育てと不妊の大変さの違い

子育ても不妊もともに大変なのは事実です。どちらが大変かは立場が違いすぎて比較できないことですが、不妊治療や不妊状態はやっぱり大変だと思います。

5・5組に1組のカップルが、不妊もしくは不妊検査を受けていて、年々それは増え続けているそうです（第15回出生動向基本調査／国立社会保障・人口問題研究所２０１５年より）。

でも、やっぱり不妊は世の中ではマイノリティです。なので、妊娠しない悩みを共有できる人が周囲に少なく孤立しがちになります。自然に妊娠した友人とは立場が真逆で、相談しにくく、話せる場所がありません。

もちろん同じ不妊の方ではなくても寄り添ってくれる人はたくさんいますが、具体的な治療の話や、生理のたびに喪失を感じる類の話は当事者だからこそ共有できることもあります。同じ経験をしている人同士で話すことで気持ちが救われることがありますが、子どもがいない夫婦が不妊とは限りませんし、「不妊ですか？」と尋ねることもしにくい。そもそも自ら不妊と公言すること自体に抵抗があり、仲間と自然に出会うことは少ないでしょう。

この点では、育児の大変さは、オープンにしやすいです。子どもの話をしていると、「うちは3歳と5歳よ」「うちは1歳」などと参加してくる人が次々に現れて、気づけば大勢で和気あいあいと話すことがありました。

不妊の世界で慣れていたせいか、初対面でこんなに話が弾んで打ち解けられるギャップに驚きました。「今はハイハイしているの？」「離乳食はこれから？」などという質問もしやすく、話題にしやすい成長があるのも特徴でした。

これと同じトーンで不妊治療のステップや、かかった費用を公の場では言えないでしょう。「子育ては大変だけど、我が子はかわいい!」その苦労が報われているから笑って話せることなのです。

社会問題としても違いを感じます。「不妊問題は一部の人のもの、子どもができない人だけの問題」という意識が強いので、いつまでも国の少子化対策としての取組みが進んでいないと感じます。一生懸命に訴えていかなければすぐに他の問題に隠れてしまいます。

私は不妊当事者として取材に応じてきたことがありますが、それは子どもを望んでも産めない人がいることを少しでも世間に知ってほしい気持ちからです。そもそも不妊を公表しにくいので、限られた公表できる人が頑張って訴えていかなければいけません。

一方で育児の経験者はゴロゴロいますので、誰かの発言に共感することも共感されることも多いです。私が訴えていかなくてもすでに発信力の高い人や専門家が訴えているのでお任せできるところも楽だと思いました。

しかしこれだけ社会全体で「育児は大変」ということに気づいているのに、どこか他人事で「大変だけど母親ならやって当然」というスタンスが根深く残り、そのせいで毎年産後うつや母子心中、離婚が起きているのに、いまだ放置されているのは大問題です。

テレビで3つ子の赤ちゃんの1人を床に落として死なせてしまったお母さんが逮捕されたニュースがありました。私は赤ちゃん1人のお世話でも睡眠不足で大変だったのに3つ子の子育てはいったいどんな戦場だったのでしょうか。3時間おきにミルクを飲むとして簡単に計算しても1日1人8本、3人で24本の哺乳瓶が必要。想像つきません。どんな母親もその状況に陥る可能性がある。決して他人事とは思えませんでした。「うちの妻は大丈夫」と思わずに自分のこととして考えていくことが次の予防につながると思います。

「ＳＯＳを出せない」のではなく、「ＳＯＳを出しても無視される」のは最も辛いことです。ＳＯＳを出しやすい世の中に、そしてそのＳＯＳをちゃんとキャッチする世の中にしていきましょう。

パートナー（パパ）への願い

7か月の頃、土曜日の寝かしつけを夫にお願いすると「ママのほうが得意だよ」と再び逃げの言葉を言われました。私はその間に離乳食を作り、私たちの晩ご飯の用意をしたいので効率的に考えても夫が適任でした。

夫はあきらめ、赤ちゃんを連れてぼやきながら2階に消えて行きました。平日は私がしている1日の最後に残されたハードな仕事です。40分後2階から戻ってきた夫はヘロヘロで「いやーーーー！　こ・れ・は・大変だ！」と一言。

それを聞いて、平日の大変さが報われた気がしました。どんなに赤ちゃんのお世話が大変でも、赤ちゃんの笑顔や寝顔に報われる。毎日はその繰り返しです。それとは別に、パパが育児の大変さを理解してくれたとき、びっくりするくらい大変さは軽くなります。育児の大変さを共有するのは大事です。同時に育児の楽しさも共有できるともっともっと育児は楽しくなりますよね。

赤ちゃんは寝る前にドッタンバッタンと激しく動き回り、壁に登ろうとしたり、横に寝かせてもクルッと起きて足をウンパウンパと屈伸します。寝るには程遠いと思った矢先、急に電池が切れたようにバタッと倒れ込みグーグー眠ります。この一連の動作を夫が真似するのです。家族しか笑えない地味なモノマネですが、平和なひとときです。

あるときを境に、夫が気づいたことを私に教えてくれるようになりました。「離乳食を与えるときに口の前でスプーンをチラチラとじらすと大きな口を開けるよ！」「好きなものを食べたときに目をつぶって『んんっ！』と言うよね！」と、私だけが育児報告をする一方通行ではなく、ついに両方向の関係ができたのです。

男性は育児に関わるほど愛情ホルモンが脳内分泌され、どんどん我が子を好きになるそうです。まさに夫は、このホルモンがじゃんじゃん分泌されたようです。

もう1つパパの大事な役割があります、それはママのケアです。私は「今日も1日元気でありがとう」と赤ちゃんを抱きしめておやすみをしています。

10か月になった頃、帰宅した夫が「今日も1日赤ちゃんを育ててくれてありがとう」と私に言いました。突然すぎて「どうしたの!?」と笑ってしまいましたが、心の中では嬉しく思っていました。

「全国のお母さん、今日も1日頑張ってますね！」とテレビの中の誰かが言ってくれるのと、パパが言うのでは全く効果が違います。パパの一言で元気が出て頑張れる。もっと世の中のパパは自分の言葉の力に自信を持っても良いですよ。

ママのケアは一見ママのためと思うかもしれませんが、これはパパにとっても有益なことです。一生ママのケアをしてと言うつもりはありません。できればパートナーとしてケアは続けてほしいですが、子育ての大変な時期は短いです。この時期の記憶はより深く刻まれます。3年か4年が勝負とネット上で見かけますが、まず1年、いや半年、一緒に頑張ってほしいです。

「あのとき夫は全力でサポートしてくれた」と心に焼きつけば、その後の長い長い人生が安泰になります。こんなにパパが必要とされるときは子育てがスタートしてからのわずかの時期だけですので、そのチャンスを逃さないようにしてください。

1人目でできなかった人は2人目に挽回してください。それでも1人目の苦労とは違いますが、リベンジの可能性はあります。子育て以外で挽回しようと思っても質が違いますので塗り替えられるほど期待はできないと考えてください。チャンスは少ないということです。

家庭不和だと仕事はうまくいかないのではないでしょうか。これは仕事に集中するためのものでもあるのです。

裁判のための家庭訪問

特別養子縁組の制度について触れたいと思います。ここで語るのは、私たちが委託され裁判結審を受けた当時（2020年4月に制度が大きく変わる前）の話です。

赤ちゃんの生活が始まったとき親権は実母さんにあり、保険証など公的機関のものは実母さんの苗字です。私たちは戸籍上では「同居人」となり「実子」となるためには、家庭裁判所の審判が必要です。養育環境や養親に問題ないか、裁判所と児童相談所の家庭訪問があり、更に養子と6か月以上の試験養育期間の同居が必要で、どんなに急いでも早く手続きが進むわけではありません。

また、審判確定の通知に異議があれば、親権のある実母さんは「翻意」といって決心を変えること、つまり「養子に出しません。自分で育てます」もしくは「児童養護施設に入所させます」と言うなどして審判を取り消し、なかった話にできます（注：2020年4月からは、改正により、審判を2段階に分け、第1段階の手続きで行った同意は、手続き2週間経過以降は撤回できなくなりました）。

「実母の心変わり」を指す「翻意」は、実の親と暮らせる喜ばしいことである一方で、養親側には大きなダメージを与えることになります。時期は様々ですが全国で翻意は少なくありません。

託されたその日から赤ちゃんは私たちにとって掛け替えのない存在になっていました。そのかわいさに心がすべて奪われているので1か月でも1週間でも、別れるなんて考えただけで辛い。なので、はっきり言うと、審判確定まではどこか気持ちが落ち着かない状況で、この生活がいつまでも続きますように、何事もありませんようにと願ってやみませんでした。

まず裁判所に特別養子縁組の申立を申請して、面談の日に赤ちゃんと3人で裁判所に伺いました。面談では、養子を迎えた理由や、これまでの不妊治療のことを述べ、経済的に安定していることを証明するために給与明細や、資産がわかる銀行口座のコピーも提出しました。

春になり普段の養育環境を調査するための家庭訪問があり、そこでは、日中はどこで赤ちゃんは寝ているかなど、1日の生活の流れを伝えました。夫は仕事だったので、私が対応しました。

良い家庭に見せる必要はなく、普段通りのことを見てもらえば良いのです。特に社会で乳児の虐待も問題になっているせいか、困ったときに相談できる人は誰か、さらにパパの育児の関わりについては詳しく聞かれました。パパの協力の有無に母親のストレスは左右されているというのは明らかなようです。

児童相談所からは2人、同じように家庭訪問がありました。裁判所の調査員と同じようにパパの育児の関わりを問われました。きっとそこが重要ポイントなのでしょう。大型連休の前後では夫の育児姿勢に大きな変化があったことを話し、今ではとても助かっていると話しました。

児童相談所側からは、サポート体制としてベビーシッターやファミリーサポートの支援をふんだんに活用していることを珍しいと褒めてもらいました。若いママはなかなか他人に頼らないそうです。

私が養子を迎えたとき、友人が総動員で助けてくれました。ちょっとの差し入れでもいい。「困っていることはない？」という声かけだけでもいいから、友人が私にしてくれたように私自身はできているかなと、自分の胸に手を当てて考えるきっかけになったのです。お手伝いしてくれた人に恩返しする気持ちで、近くに若いママや困っているママがいたら声をかけたいなと思いました。

名実ともに親子になった日

9か月を迎えたある日、書留の封筒が届きました。

夫が目を丸くして「裁判所からだ！」と玄関から戻ってきました。あの大事な通知です。すぐさま封筒を開けると「審判」とタイトルがあり、主文に「申立人の、特別養子とする」。理由は「未成年者の利益のため特別養子縁組の成立させる要件を満たしており相当であると認められる」と書いてありました。

私たちを「赤ちゃんの親で良い」と認めてくれたのです。「やっと来た…。このときが…」ジーンと胸が熱くなりました。一枚の紙に書いてある言葉は味気ない形式的な短い文章ですが、何度も読み返してしまいました。

ここから2週間、実母さんの異議申立がなければ審判確定となります。実母さんが「赤ちゃんを産んでも育てられない」という相談をあっせん団体にしたところから始まった養子の委託ですが、例えば祖父母が急に育てられるようになったり、状況が変わることはあるのです。養親として認められたとしても、親権がある実母さんの意見は最優先となります。

その後、審判確定の手紙が届きました。期間内に実母さんから異議がなかったのでしょう。私たちが登録している団体では実母さんから相談を受けたとき、あらゆる選択肢を提示して子どもにとって最善方法を実母さんと一緒に検討すると聞いていました。

その結果、養子縁組を選択したわけですから「翻意はないだろう」と夫は言っていました。相変わらず見えないものに不安を抱かないタイプで羨ましいです。私は死産を経て、見込み通りにならないことがいつ起きてもおかしくないと最後の最後まで安心できない人間になっていたので、心の底ではどこか不安でした。すべてが終わり、もう喜んでいい、もう離れなくて良い、この通知を手に喜びをかみ締めていました。

ハラハラしたとはいえ私たちの裁判は非常にスムーズに運んだようです。他の養親の裁判の進捗状況をブログで読んだことがありますが、実母さんが行方不明になったり、指定の日に裁判所に現れず裁判が一旦中止になったり、問題が生じてしまうケースもあるようです。

養育環境が整っていないのに実母さんが引き取るといい、結果、施設に入れてしまうこともあり、「子どもの福祉」より「親権」と皮肉を言われてしまう日本の現状に改善点はいくつかあると思います。

市役所の戸籍課に「特別養子縁組届」を提出しました。赤ちゃんの名を記入するとき、「婚姻届」を書くときのように気持ちが引き締まりました。健康保険証や病院の診察券は私たちと同じ苗字に変わり、たかが保険証ですがされど保険証で、苗字と名前が並んでいることが嬉しくてしばらく眺めていました。

同じ養育者がずっと続く永続的なケアが、子どもに安定を与える研究結果も出ていました。養子に限らず全ての子どもにとって、環境が安定するのは精神の安定でもあります。それは親にとっても同じです。すべてが完了したときに思った以上にホッとして嬉しさが込み上げてきました。

ここでやっと私は一区切りついて、赤ちゃんとの未来を遠慮なく思い描けるようになりました。思い描いていいと国に許してもらった感じさえしました。今までと生活は何も変わらないけれど、やっぱり戸籍上も親子になったことは、大きな安心感を与えてくれました。

「『家族の記念日』。また1つ素敵な記念日ができたね」

いつか子どもと一緒にしたいこと

1歳になる前、パッパパッパパッパパと、急に「パ」の練習に取り組みだした赤ちゃん。そろそろパパと言う日も近いようです。

同じ頃、夫がプラモデルの本を握り締めて帰宅しました。「子どもの頃、プラモデルにハマっていたことを思い出したんだ! 将来一緒に作ろうと思って本を買ってきちゃった!」と嬉しそう。すっかりパパの顔です。赤ちゃんは車や電車のおもちゃに夢中です。「プラモデルいつ作れるかな? パパと一緒に作ったらきっと楽しいよね」

自分が親になったらいつか子どもとやりたいことは、今までにいくつ溜まっていたでしょうか。夫にとってはその1つがプラモデルでした。「ラジコンも買おうかな」「キャンプも一緒に行きたい」「20歳になったらお酒を一緒に飲みたい」「バイクのツーリングで北海道2人旅も…」と夢を語り出した夫。実はたくさん思い描いていたんですね。意外でした。

私は子どもと一緒にどんなことをしたいと思っていたでしょうか。「世代をつなぐ」と言うと大袈裟ですが、私が幼い頃、春になると祖母の家の周りにフキノトウが芽を出してそれを佃煮にしてくれました。母が受け継ぎ、私に教えてくれたのは20年くらい前。春になると不思議と作りたくなってしまう代々伝わる味です。

親から子へ、そして孫へ受け継ぐことは、どこの家庭でも自然に行われていることですよね。自分で食べるだけではなく、この味を次に伝えていきたいという欲求に気づいたのは、不妊を経験してからです。もしかして私で終わりになるかもしれない。こちらは用意ができているのに伝える相手がいない。愛情を与える先がないという寂しさに襲われました。

もちろん芸術家は作品、歌手は歌という手段で、子ども以外で自分の生きた証を残していく方法はたくさんあります。私の場合は、不妊で経験した出来事を次の世代に伝えていくことも「世代をつなぐ」に当たるかもしれません。でも、やっぱり仕事ではなく、料理教室でもなく、子どもと暮らす日常の中で伝えていきたい。

私が作る料理は自然と母の味に似ています。時代は変わっても受け継がれていくものがあるっていいなと思います。赤ちゃんが成長して大人になったとき、「我が家の定番料理」と言われるのはどの料理になるのか今から楽しみです。

1歳の誕生日

床の拭き掃除をしていると、私がハイハイをして遊んでいると思っているのでしょうか、赤ちゃんがケラケラしながら追いかけてきて、背中にペタッとくっついてきます。同じ目線になることが嬉しいようです。私が再び床を拭き始めると、赤ちゃんも再び背中にペタッと…。大袈裟に後ろを振り返ると赤ちゃんは大笑い。床掃除は全然進みませんが、その温もりと楽しい時間がたまりません。

養子ということをあえて言わなければ、はたから見ればどこにでもいる親子です。この頃になると自分でも養子縁組ファミリーということを忘れてしまいそうでした。

1歳の誕生日の前日、赤ちゃんの1年の成長を振り返っていました。0歳最後の記念日です。この1年撮り溜めたとびきりかわいい写真を100枚だけプリントアウトして壁一面に貼ってみると、その成長がはっきりと見て取れました。

最初の写真は夫婦がぎこちなく抱っこしている病室の写真です。ついでに私たちの顔もこわばっています。「このときから3人の生活が始まったんだよね」「人生がガラッと変わったよね」と写真を見ながら赤ちゃんに話しかけます。

私の想いは実母さんに向いていました。

去年の今頃、大きなお腹を抱えながら「赤ちゃんがいつ生まれるのか。赤ちゃんを育ててくれる人は見つかったのか」と考えていたことでしょう。私たちに委託の電話があったのは生まれる1日前です。

どんな気持ちだったでしょうか。出産を前に怖いという気持ちもあったかもしれません。手放さなければいけないお腹の子になんと話しかけていたのでしょうか。実母さんはすでに団体につながっていたので、ひとりぼっちではないものの複雑であったと思います。

実母さんに守られてお腹の中で元気に育っていた赤ちゃん。赤ちゃんと実母さんはその後、離れてしまうけれど、1年前はまだ一緒にいたんです。考えると切ない日でした。

私たちのために産んだのではないのは十分わかっていますが、私たちの人生に幸福をもたらしてくれているのは紛れもなくこの子の存在です。元気にお腹で育てて産んでくれて、感謝しています。

「去年の今頃、あなたは実母さんの温かいお腹の中で栄養をたくさんもらっていたんだよ。覚えている？　実母さんに守られていたんだよ」赤ちゃんに語りかける私。

赤ちゃんはまだ言葉を理解していませんが、実母さんのことは自然に会話に含んで話していきたいと思っています。誕生日は今後も出自の話をするきっかけにはなるでしょう。病院に迎えに行くとき、富士山がくっきり見えて世の中から祝福された気持ちになったことも一緒に伝えていきたいです。

1歳の誕生日、あちこちから頂いたプレゼントの山。贅沢に育ててはいけないと思いつつも、「1年元気に育ってくれてありがとう！」という気持ちでつい私たちもオモチャを買ってしまいました。

「ママも1歳だね！」と嬉しいことを言ってくれる友達もいました。どんな1年よりも内容の詰まった濃い1年でした。「大変だった」という漠然とした記憶はありますが、思い出されるのは赤ちゃんの笑顔や成長の喜び。人間の脳は都合よくできているものなんですね。あの頃の赤ちゃんのお世話をもう一度したいと思ってしまう自分に驚いています。

この出会いがなかったら…。多分、今まで通りの2人の生活は続いていたでしょう。不幸ではありませんが、すでに平坦な道ではありました。「将来は留学生を迎えてホストファミリーでもしたいね」と家を建てるときは話していたほどです。誰かのお世話がしたいというのは人生の中で常にあったのかもしれません。

夫婦がパパママとしてどのくらい成長したか、まだまだ未熟さいっぱいですが、2人で試練をいくつか越えてきたのは確かです。

後悔が1つだけあります。赤ちゃんが生後3か月になった日に1羽のインコを亡くしました。5歳半でした。辛かった時代の私をずっと支えてくれた、私の命だったインコです。赤ちゃんを迎えてからインコとの時間がとれず、ストレスで羽を抜き、そこが剝けて血だらけになり通院していたところでした。

それと重なり、赤ちゃんは夕方から泣き始めるようになり、それが夜中まで続いていました。この日も部屋中に泣き声が響く中、インコがカゴに戻らず羽を抜き始め、家の中を追いかけ回していたら強打したのです。十分に遊んであげていなかったのでカゴに戻らないのは当然でした。

少しずつ溜まっていったバケツの水。あと少しで溢れてしまいそう。ずっと危機を感じていました。この日が最後の1滴になってしまったのです。

いろんなことが重なったと言い訳はたくさんありますが、2人だけの生活に明るさを運んでくれたインコにひどいことをしてしまいました。翌日からもう1羽のインコが亡くなったインコを探していました。残されたインコにも悲しい思いをさせています。どうしてあんなに手いっぱいの状態だったのか、もう当時の気持ちを思い出すことはできません。

ただ、このインコを失った出来事で自分が思っていた以上に追い詰められている状況を知りました。インコの亡骸を手に、「自分が怖い」と震えながら夫に電話したことを覚えています。ただごとではないと夫も気づき、留守中の家の状況に目を向けるようになりました。インコのおかげで今がある…という綺麗事では語りたくはありませんが、夫婦がお互いに変わる大きなきっかけになりました。

夫の回想コラム

PART 3

そのとき、夫はどう感じていたのか、何を思っていたのか

──赤ちゃん4〜8か月頃

この頃になると、夜も5時間くらいまとまって寝てくれるようになり、妻の疲労（睡眠不足）もだいぶ解消されるようになりました。

赤ちゃんも、首がすわってきたり、寝返りが打てるようになったり、ハイハイするようになり、活動も活発です。とにかくよく笑うので、こちらもつられて笑顔になります。

庭に大きな鯉のぼりを立てたとき、「ああ、うちには男の子どもがいるんだな」と、とても誇らしい気持ちになったことを覚えています。

お出かけも増え、今まで夫婦2人で行っていたイベントに赤ちゃんを連れて行くと多くの人が祝福してくれることも嬉しかった。

家族3人のときだけでなく、社会や仲間の中に混じったとき、「パパになったんだな」、「夫婦から家族になったんだな」と感じることが増えた気がします。

──審判が認められ、戸籍上も親子となったとき

僕たちが依頼したあっせん団体は、実親さんにとても丁寧なサポートをしていることを研修で学んでいたため、実親さんの「翻意（心変わり）」が起こることはそれほど心配していませんでした。

それでも、裁判所から正式なお知らせが来たときはとても嬉しかったですし、何より、妻が「名実ともにうちの子になった」ことに心から安堵し、喜んでいる姿を見て幸せでした。

――「今日も1日赤ちゃんを育ててくれてありがとう」と妻に伝えた日

何か特別なことがあったわけではなかったように思います。

自分が毎日仕事に出かけ、十分な育児参加ができていない中で、「この子がこんなに元気に、大きく成長しているのは、大変なお世話を300日もしてきてくれた妻のおかげなんだな」と感じたのだと思います。

――赤ちゃん11か月〜現在まで

昨日までできなかったことが、今日できるようになる。そんな赤ちゃんの成長の喜びを実感しています。

朝、起きた赤ちゃんが、すぐ隣の私たち夫婦が寝ているベッドのマットによじのぼってきて、寝ている目をこじ開けて起こそうとする。そこで30分ほど3人で「いちゃいちゃ」します。

僕と赤ちゃん、妻と赤ちゃん、僕と妻。

中心はもちろん赤ちゃんですが、かわいらしい赤ちゃんを介して、たわいのない会話をしているとき、「ああ、幸せ家族だなあ…」と感じます。

言葉は通じないものの、発する声のトーンや顔の表情、いろいろな仕草によって、コミュニケーションがとれるようになり、格段に楽しさが増しました。

手を合わせて「いただきます」をする、ほっぺを触って「おいしい」をする、ベビーカーのほうにハイハイして「ウーウー」と言いながらお散歩をねだる、「パパ」と呼ぶ、仕事に出かけるときバイバイと手をふる。

そんな1つ1つの成長が愛おしく、これからもっとたくさんのことを一緒にしていきたいと感じています。

——「血のつながらない子どもを愛せるのか」という不安と実際

特別養子縁組を「人生の選択肢」に入れるまで、そして、あっせん団体の研修に参加し、「出自、性別、健康状態に関係なく、どんな子でも受け入れます」と、正式に申し込みをするまで、あれほどこだわり、怖がっていた「血のつながらない子を愛せるのか」という不安。

それは、赤ちゃんがやって来たその日に、消えてなくなっていました。

正確に言うと、赤ちゃんが来たその日から、「血のつながり」に不安を持っていたことを思い出したり、そのことについて考えたりしたことが一度もないのです。

ふとしたときに、「この子とは血がつながっていないんだよなあ…」と感じたことも、一度もありません。

そのくらい、僕の当時の不安は、あっけなくどこかへ行ってしまったのです。

「血がつながっているから、愛することができる」、逆に、「血がつながっていないから、愛することができない」。今なら、「そんなこと、全く関係ないんだよ」と心の底から言うことができます。

――パパになった幸せ、親子になった幸せを感じるとき

ちょっと関係ないことかもしれませんが書きます。

夫婦2人の生活も楽しいものでしたし、「これから2人で」どんな人生を歩んでいくかという人生設計もそれなりにできていたと思います。

でも、2人は老い、いつか死にます。

念願叶えて移住した村での生活も、こだわりまくって建てた家も、買い揃えてきた腕時計も、車（ヴィンテージカー）も、サーフボードも、DIYの工具も、すべて、いつ

かいらなくなる日が来てしまいます。

形があるものだけではありません。

僕が大切にしている信条や哲学、生きること、働くこと、楽しむこと。趣味のこと、DIYでの大工仕事のやり方。大人になっても、いつまでも成長すること、人を幸せにすること、社会をより良くすること。

それらを誰にも継承することなく、僕は死ななければなりませんでした。

少し話がそれますが、企業は「社会の公器」と言われ、継続企業（ゴーイングコンサーン）を求められます。

僕は、この会社を、僕が死んだあとも、ずっと社会をより良くする社会の公器として存続していってほしいと心から願っています。そのため、（すぐにではありませんが）

僕の最後の大仕事は、事業承継です。

次に、自分の会社を任せる人を育て、軌道に乗るまで並走し、託すのです。その次期社長に、そして新しい経営陣に、僕の持つすべてを注ぎ込み、バトンを渡す。「そのとき」が来たら、いや、「そのとき」が来るまでに、できる限りの時間を使って、その最後の仕事を成し遂げたいと思っています。

仕事では、事業承継を重要視しています。でも、私生活、個人としての人生では、僕や、私たち夫婦が「次を託す」「大切にしてきたことを継承する」相手がいない。そのことは、ふと冷静に考えると、とても怖いことでした。

今、目の前に「赤ちゃん」から「息子」になりつつある我が子がいます。

ベッドの上で遊んでいるとき、2人でお散歩に出かけたとき、庭で一緒にお掃除をしているとき、お風呂で髪を洗ってあげているとき、一緒にＤＩＹをしているとき、ふと思うのです。

「この子に、自分のすべてを継承できるんだな」と。

自分が死んだあとも、自分が生きた痕跡を、この子が受け継ぎ、つなげていってくれる喜び。まだまだ長生きするつもりですが、「安心して死ねる」と思うようになりました。

——これから親子としてしたいこと

とにかく一緒にたくさん遊びたい。サーフィンして、山に登って、キャンプして、DIYでたくさんのものを一緒に作りたい。

世界の広さを伝え、経営やマーケティングを教えて起業も経験させたい。二十歳になったら、村の小料理屋さんのカウンターで一緒にビールが飲みたい。

この子は、22世紀をその目で見る子です。

本人が幸せであることは大前提ですが、自分1人だけでなく、大きな転換点を迎える世界の中で、強いリーダーシップを持ち、社会をより良くする人間になってほしい。そのために、できる限りの機会と環境を提供してあげたいと思っています。

自分のことは棚に上げて、求めすぎですね（笑）。

3章

養子を迎えるまで

不妊治療から流産・死産

結婚から4年の沖縄旅行で。不妊を自覚し、治療を少しづつ開始していたが、子どもがいない分、身軽に楽しもうと努力していた頃

結婚から妊活へ

私が28歳、夫が30歳のとき結婚しました。同じグループ会社に勤めていて意気投合し、その年のうちにプロポーズされトントンと結婚までは進んだと思います。

その頃、私の父は大腸癌が発見され、ステージ4の進行性癌で余命3か月と宣告されていました。結婚報告は、家族や親戚が右往左往している中の明るいニュースになりました。手術後に歩行の練習をして嬉しそうにヴァージンロードを歩く父を見ることもでき、一件落着となりました。

しかし父の中には「次は孫の顔を見せてね！」という新しい希望が生まれていました。父の友人たちはこぞって「孫ができれば病気の父の生きがいになる！」を合言葉にし、「早く孫を」と呪文のように唱え、視線の先は私のお腹に集中したのでした。

排卵検査薬を何個使ったことでしょう。妊活をスタートしても赤ちゃんはなかなかやってきません。私たちより後に結婚した人に子どもが生まれ、追い抜かれていくばかりでした。徐々に私たちに不妊疑惑が浮上し、2回目の結婚記念日までに妊娠しなければ病院へ行って検査しようと決めていました。

産婦人科の受付で「不妊外来で来ました」と言うとき、まるで自分の知られたくない秘密を口にしているようで小さな声になりました。「私は自力では子どもができない体なんです」と他人に公言するようで恥ずかしい気持ちになりました。それを調べるために来院したのですが、すっかり気分は沈んでいました。待合室はお腹の目立つ妊婦さんばかりで居心地が悪くひっそり隅に夫婦で座っていたことを覚えています。

男性側の検査は精液検査のみですが、女性側は低温期、高温期、排卵時、などそれぞれの時期でホルモンの数値や卵胞の発育状態を検査しなければいけないため、月に何日も通院することになります。

フルタイムで仕事をしていましたので、昼休みに中抜けしたり、遅刻したり、工夫が必要な生活が始まりました。「不妊治療をします」と決意したわけではないのに検査という名目ですでに不妊治療のタイミング療法は始まっていたのです。医師は基礎体温帳の排卵日にハートマークを3日連続で書き込み、「そんな暗い顔しないで！　若いから大丈夫」と明るく声をかけてくれますが、あまりにも行き詰まっている私との温度差は大きく感じました。

タイミング療法は数回トライしましたが、良い知らせのないまま時は過ぎ、夫婦ともに一番疲れていた時期だったかもしれません。検査結果に不妊の原因は見つからないまま通院を続け、先の見えない状況に悶々とする日々でした。

そう言えばここは産婦人科、妊娠した人のケアが中心なので不妊治療に力が入らなくても当然かもしれません。「若いから」という言葉にも引っかかりました。私は30歳で、確かに出産平均年齢です。そんなに焦ることはないと思われるかもしれませんが、平均年齢だからこそ周囲はベビーラッシュ。この環境の中で2年間足踏みしたのはしんどいものがありました。

検査を一通りすれば、原因がわかり、どちらかに子どもができない原因が判明する。それを見つけてもらい治療すれば、その不具合は治り妊娠するだろうと考えていました。病院に行けば解決するという医療への期待があったのです。実際は補助医療なので、妊娠する可能性の高い治療を試すと言ったほうが正しいでしょう。

「少し休もうよ」と言う夫と心がすれ違う

妊娠して家族を作ろうとしている夫婦なのに、なぜか心は離れていくばかりでした。ハートマークのつけられた排卵日、帰宅した夫に「気分が乗らない」「少し休もうよ」と言われてしまう。気分が乗らないのはお互い様の状態でしたが、この日までに私は何度も通院しているのでその時間が無駄になってしまうのはがっかりでした。

相変わらず「子どもはまだなの？」と突かれるのは女性の私で、日常的に気まずい思いをしていました。父の病気は再発し経過も気になります。今妊娠しても生まれるまでに10か月かかるでしょう。夫婦の関係についてこのままで良いとは思えませんが、少し休む余裕はありませんでした。

しかし、診察は痛みもあるし、苦痛なのは確かです。痛い思いや嫌な思いをして赤ちゃんを授かることに抵抗を感じていました。できることならもうやめたいと私も思っていたのも事実です。

顔を合わせるたびに「妊娠はまだ？」と聞いてくる人たちがいる一方で、「少し休もうよ、いつか妊娠するよ」と言う夫、どうしたら良いかわからなくなっていました。

産婦人科で妊婦に交じってひっそり座るのもそろそろしんどくなってきた頃、どなたかの個人ブログで、不妊専門クリニックの名前を見つけました。当時は不妊クリニックのサイトはなく掲示板が少しあるくらいで、情報はそれほどありませんでした。「不妊の専門」があることを初めて知った私は、最後にここに行ってダメなら不妊治療はもうやめようと考えていました。

落ち着いたホテルのロビーのような待合室に静かに女性たちが座っていました。お腹の大きな妊婦さんや赤ちゃんはいません。皆、妊娠を望んでここに来ている同じ立場の人たちです。病院が混んでいることで、悩んでいるのは私1人ではないと思えて安心しました。

担当の医師から、「ここまですでに頑張ってきているので薬を使って人工授精はどうでしょうか?」と提案がありました。今までと違う方法を試して一歩進めるのも嬉しかったし、人に「頑張っている」と言われたのは初めてでした。「ここでもう一踏ん張りしてみよう」気を取り直して通院が始まりました。

初の妊娠。嬉しさは続かず

2回目の人工授精で妊娠しました。結婚から5年、私は33歳になっていました。

「私たちでも妊娠できるんだね！」と夫婦で喜びましたが、翌週の診断では胎嚢（赤ちゃんが入っている袋）が小さくこのまま育たないかもしれないと告げられ、状況はよくありませんでした。この前置きをしつつ父に知らせると、やっと届いた知らせに喜んでくれました。しかし願いは届かず赤ちゃんの心拍を聞くことなく流産の手術が決まりました。

病院のベッドで麻酔から目を覚ますと、赤ちゃんのいない元の自分に戻っていました。手術をしてくれた医師が私の手をギュッと握って「赤ちゃんがまた来てくれるようにお腹の中を綺麗にしたから、大丈夫、大丈夫」と言ってくれました。その力のこもった言葉が温かく、しばらく涙が止まりませんでした。父に知らせましたが、喜ばせた矢先に悲しませてしまい申し訳ない思いでした。

「1度妊娠したので次こそは…」。あきらめていた私たちの希望も再び湧き上がりました。仕事をしながら不妊治療に通う日々。いつの間にかすっかり不妊治療のレールに乗っていました。このときはまだ不妊治療をしていることは友達や同僚、誰にも話していませんでした。ひっそりと通院して普通に妊娠したようにしたかったのです。

父の死

父の大腸癌の転移は肺に広がり、数か月は呼吸をするのが苦しい日々を送っていました。私たちは無意識に呼吸をしていますが、それが一回一回吸いにくいというのはどれだけ苦しく煩わしいことなのか。後に医師から聞きましたが、肺は真っ白でかなりの機能低下だったことを教えてもらいました。

たまに風邪をひいて鼻が詰まるとてつもなく不快になりますが、それとは比較にならないほどの不快感だったでしょう。それが何か月も続いて更に治ることはなく、日に日に悪化していくことだとしたら、絶望かもしれません。

「病人扱いされたくない。周囲から気を遣われたくない。今まで通りでいたい」という父の希望で、病気のことは周囲には内緒にしていました。そんなこともあって私や、私の家族は父の病について触れることなく、普段通りの家族団欒が一番良いと思い込んでいました。病気の話は「死」の話と直結していて縁起でもないことのように思えて避けていたのです。

食べたい料理の話などたわいもない話をして過ごすことが父にとって良いことと思っていました。自分の人生はもっと先まで続くと思っていたことでしょう。「50代で終わりになってしまう。みんなを置いて先立つ悲しみ、怖さ、不安」を父は抱いていたのかもしれません。癌患者さんに対して私の勉強不足としか言いようがありませんが、気を遣われたくないという父を尊重しすぎ、ケアまでも怠っていたと思います。

流産から4か月後、父は他界しました。5年の闘病生活でした。「父を失いたくない、死なないでほしい」そういう大事なことは最後まで言えずじまいでした。ドラマで見る、家族が集合して病人の手を握りながら「お父さん、今までありがとう！　お父さんの子どもでよかった！」と涙ながらに叫ぶ看取りのシーンは奇跡だと思いました。

危篤状態と連絡があり会社を飛び出しましたが、出発する空港で亡くなった知らせを受け、電話を持ったままその場にしゃがみ込みました。何もかも終わったのです。

死に目にも、赤ちゃんも、間に合いませんでした。1週間前、父が再入院になったとき、週末まで待たず帰省すれば良かったのです。数回目の人工授精のスケジュールが始まっていました。大事な判断ができないほど、頭の中は妊娠することに囚われていたのです。ごめんなさい。

空を見上げるとちょうど飛行機がブーーンと空高く飛んでいき、父のいない世界はすでに動き始めていました。

悲しいことが続き、「朝一日が始まることを考えると苦しい」「また子どものいない長い一日が始まる」「子どものいない日が増えて人生を埋め尽くしてしまいそう」と考えていました。

大切な人を失ったとき、自分ではもう大丈夫と思い仕事に復帰しても感情には波があり、実はごまかしているだけで快復していないというケースがあります。まさに私はそれで、四十九日が終わった頃にすべてのやる気がない状態になっていました。残された遺族にもケアが必要ということは考えたことがありませんでした。

父と私は双子と呼ばれるほど仲良しで、父はいつも私の理解者でした。父の死は自分の半分がえぐり取られたようです。離れて暮らし、結婚しているのに、生まれたときからずっと見守ってくれた人の存在は大きいものでした。

新しい命を求め「体外受精」に

悲しみを埋めるように新しい命を求めるようになっていました。病院から体外受精の話があったのは人工授精を6回終えた頃、ついにテレビでしか聞いたことがない体外受精にチャレンジするところまで来てしまいました。

夫婦で参加した体外受精説明会は満席で、20組ほどの夫婦が真剣な眼差しで席についていました。タイツに靴下を履いていたり、体を冷やさないように気をつけている女性が目につきました。平均年齢は30代後半くらいでしょうか。私たちは「まだ」若いほうだったかもしれません。

体外受精の負担は、経済的負担、身体的負担、精神的負担の3つが挙げられます。健康保険が適用外の自費診療のため高額なのと、全身麻酔や投薬を頻繁にするので体力的にもきついこと、体外受精の日は直前に決まるので仕事の調整が今より難しそうでした。でも妊娠する可能性は高くなる。この高度生殖補助医療に懸けるしかありませんでした。もっと言うと、これが日本でできる不妊治療の最高峰、後がないのです。

初めて筋肉注射をしたときは、口の中まで注射の味がして、体全体が薬漬けにされたようでした。たくさんの卵子を育てるためにこの筋肉注射の痛みに連日耐えることになります。その痛みで腕が上がらなくなりました。妊娠しないこと以外は至って元気なのに、病院通いに注射で薬漬け、やっぱり悲しくなります。それでもやっていけたのは、まだ見ぬ赤ちゃんのためでした。

注射の回数や卵子の数によりますが、初回の体外受精に支払ったお金は64万円でした。妊娠してもしなくても、この金額は変わりません。痛い思いをして赤ちゃんを授かることに疑問を持っていたこともありましたが「できることは試して早く赤ちゃんに会いたい！　妊娠する方法は違っていて良い」と思うようになっていました。

こんなに高度な医療を施してくれるのだから今度こそは妊娠するだろうと期待は高ま

り、判定日が待ち遠しかったのを覚えています。しかし、妊娠判定検査の結果は陰性、妊娠はしていませんでした。何もしなくても妊娠する人が大勢いるのに、自分の体がよくわかりません。

妊娠しないのは体の中の何かの不具合なのですが、その何かは検査ではなかなかわかりません。いまだ生命の誕生は神秘的なものなのです。卵子の質、精子の質、子宮の力、数値では測れないものと戦うのは透明人間と戦っているようでした。

次の生理が来たら残りの受精卵を移植するためのスケジュールが始まります。人工授精の車両から体外受精の車両に乗り換え、相変わらず不妊治療のレールの上を進んでいました。

子どものいない夫婦は未完成!?

不妊治療中ということをほとんど公にはしていなかったので、30代も中盤に差し掛かり「どうして子どもを作らないの？」と聞かれることが増えました。未婚だと「結婚はしないの？」、既婚だと「子どもは？」それは全国共通の挨拶のようです。

聞かれたときには「まあそろそろ」と濁すか、「頑張っているんだけどね」とごまかすか、そんな対応をしていました。やっぱり不妊治療をしてまでも授からないという状態はできれば知られたくありません。それに、場所を選ばず挨拶のように投げかけられる会話なので、深い内容を相談する雰囲気ではないことが多いのです。話のつなぎで「今日は天気が良いよね」のように急に「子どもは？」と聞かれるのです。

「お子さんはまだ？」「子どもがいないと寂しいよ」というプレッシャーにもなってしまう声がけをどうしてするのでしょうか。それはきっと赤ちゃんの誕生を楽しみにしているからですよね。ですが、努力してもその甲斐なく叶わない思いを繰り返している最中の人にとっては、その言葉はなかなか辛いものがありました。

気がつくと「子どもがいない今の状態は未完成で、子どもがいてやっと家族は完成する」と真剣に思うようになっていました。今は停滞状態であと少しの辛抱、子どもができたら人生は進む。そんな考えでは今を楽しめないですよね。せっかく好きな人と結婚して暮らしているのに、もったいないと思います。

あえて周囲がせっつかなくても結婚した夫婦は子どものことを考えているのです。調査によると、39歳以下の既婚女性の90％以上は2人または3人の子どもを希望しています（国土交通省「理想とする子供の人数」２０１０年調べ）。

「兄弟は作らないの？」「ひとりっ子はかわいそう」という質問を周囲がしなくても、これについてもとっくに夫婦で考えているのです。

何気ない声がけに苦しんで涙を流しているクライエントさんを長年見てきました。もちろん私も苦しんだ1人です。そっと見守る、これは簡単なようで難しいようです。

誰もがなんなくクリアしている妊娠・出産ができない自分を本当に情けなく思ったり、自分の能力への劣等感に苛《さいな》まれていました。キャリアプラン、ライフプラン、人生の中で計画通り進まないことはたくさんありますよね。でも、お母さんになることはそんなに高い望みでしょうか。

子どもが授からないということは、人生すべてにダメージを与えていました。それはどうしてか…。それはもともとある能力と、勉強や練習などの努力で得ることのできる後天的な能力との違いだと思います。

例えば、私はゴルフが上手ではありませんが、それは練習をしていないという原因が明らかで、自分の努力次第で道が開かれると思うのです。納得できる原因があり、コントロールが可能です。

妊娠という生殖機能については人間に生まれたときから備わっていて誰にでも与えられている力のはずです。それなのにその能力がないというのは受け入れ難いことなのです。

「子どもがいない夫婦は未完成」。今ではそんなことは思っていませんし、家族の形はいろいろあって良いと思っています。他人が測ることでもありませんし、多数の人が選択しているからといってそれだけが正しい形とは言えないこともわかりました。

でもこの頃の私は、子どもが欲しいのは事実でしたので「子どもはいたほうがいい」「子どもいないと寂しいわよ」という言葉に反論できずにいました。

父子家庭で育った私はいわゆる両親のいる普通の家族になりたいと思っていた節もあり、「普通」という価値観に大いに流されていました。普通の枠にはまろうともがき苦しんでいたけれど、その枠を作っているのは他の誰でもない自分で、「普通以外」

を受け入れる考えがなかったのです。

養子を考えるきっかけ

相変わらず周囲に不妊の事実を打ち明けないまま過ごしていましたが、不妊当事者を対象としたインタビューに積極的に協力していました。私自身、子どもが授からないという出来事で、他の種類とは全く違うストレスを感じていて、当事者の声を社会に発信するための役に立ちたいという気持ちが強くありました。当時はＳＮＳがなく、自ら発信する術《すべ》が限られていたこともあります。

その日も家族社会学者の野辺陽子さんからインタビューを受けていました（『養子縁組の社会学―「日本人」にとって「血縁」とはなにか』に掲載。２０１８年出版。新曜社）。

野辺さんから「養子は考えていないのですか？」と聞かれたときは、選択肢として全く考えていなかったので「血のつながった夫との子が欲しい」と答えていました。妊娠経験もあるので、不妊治療の望みを捨てきれないということもあったと思います。

インタビューを終えてから私の頭の中に「養子」という言葉は残り、頭から離れませんでした。調べてみると、特別養子縁組は子どもの福祉のために作られた制度で、0～6歳の子どもが対象（2020年4月現在は0～15歳）、ということ、さらに年間の成立件数が2013年当時約500件と大変少ないということも知りました。

まずは養子になる赤ちゃんはどこからやってくるのだろう？　知らないことばかりで、調べる手が止まらず、そのたびに知る子どもの状況に愕然としました。

親が育てられない子どもは全国に約4万5000人いて、約85％が児童養護施設や乳児院などの施設で暮らし、約15％が里親家庭やファミリーホームで暮らしていました（平成29年3月末／福祉行政報告例）。そして、児童養護施設や乳児院で暮らす子どものうち約18％は、親との交流がなく、迎えに来ない親を待っている状態だということも知りました（平成25年2月児童養護施設入所児童等調査）。

里親のことが出てきたので、特別養子縁組との違いを説明いたしますと、里親制度は施設の代わりに「子どもを家庭で預かる制度」です。社会的養護の一部として里親手当てや養育費が支給され法的な親子関係はありません。一方で特別養子縁組は「実子と同じく法的な親子関係を成立させる制度」です。金銭的な支援はありません。

図書館で里親や特別養子縁組の本を借りてきて、片っ端から読みました。日本では事例が少ないので翻訳されたイギリスの本も参考になりました。「脱施設」や「赤ちゃん縁組」のシンポジウムにも足を運び、世界の状況と比較したり、これからの課題を聞いて自分なりに日本の現状を把握したつもりです。

わかったことは、日本では特別養子縁組の制度はあるものの、ごく少数であること。そして、欧米諸国では施設での集団養育による子どもに与える影響を深刻に受け止め、とっくに家庭養育にシフトチェンジしていたこと。日本は30年ほど遅れているということです。

特別養子縁組を希望したとしても、日本では望みは薄いのではないか…。当時、ある団体には養親希望者が１００人待っているというのも聞きました。育てられない人がいて、育てたい人がいる。そして施設にはたくさんの子ども。もどかしい思いは増すばかりでした。

血のつながりとはなんだろう？

里親の本で見たアフターケア団体を訪ねました。施設を退所した10代〜30代の若者が集まる「居場所」です。

たくさんの大鍋でワイワイと料理を作り、テーブルに並べて食べる風景はまるでちゃぶ台を囲む大家族のようでした。社会的養護が終了する18歳。施設から退所した途端すべてのことを1人でやりくりしなければいけません。温かいものを作って食べる余裕はない、そんな苦労を知っているこの団体の代表も、かつて施設で暮らした経験のある当事者です。料理なら私にもお手伝いができます。私はその後、数年こちらに通い、正会員として若者と交流することになりました。

交流を重ねるにつれ、若者たちが施設に入る前の家族のことを話してくれることもありました。

「親から意味もなく殴られた」「家族の中で1人だけいじめられた」。ときには『産まなきゃよかった』なんていう自己肯定感をズタズタにするような言葉をかけられた」という人もいました。

若者たちはあきらめ、大人に期待せずにひどく傷ついていました。でもここでは楽しく笑っている。仲間のいるこの場所では笑えるのかもしれません。

彼らと親は血がつながっている家族です。なのに…。血のつながりとはなんでしょう。「血のつながりがあるから絆は強い？　愛せる？」彼らと交流を続けていると、そんなことは全く関係ないことのように思えてきました。ここにいる若者は血のつながりに苦しめられていたのです。

私は当事者の立場ではありませんが、1人の大人としてできることはしたいと考えていました。しかし傷ついた心を癒すことは簡単ではありません。アフターケアは必要です。でも、もっともっと前の段階から彼ら1人1人を見守ってくれる存在が必要なのではないかと感じました。

「それはやっぱり家庭の力、人の温もりに尽きる」と思います。

施設で問題児と言われた男子高校生が里親に委託され、それでも馴染めず、ずっと反抗的だったけれど、あるとき「今でも大人を信用していない。一部を除いては」と言ったそうです。一部というのは里親さんのことなのですが、はっきりとは言いません。でもそれは彼にとってすごい心の変化だと思うのです。

大人になる前に「自分を大事にしてくれる大人がいる」と気づくことのできる新しい家庭で生活してもらうことに大きな意味があると思います。そこにも血のつながりはありません。人を信用しないと閉ざした心を取り戻すのですから、里親さんの「存在」は心から尊敬します。

2度目の流産。先の見えない不妊治療

就職して結婚して…。その都度に苦労はあっても努力は比較的報われて生きてきました。不妊という壁にぶつかるまでは世の中のマイノリティを意識して考えたことはありませんでした。子どもを産めない人がいるのは知っていましたが、入院をしたこと

もなく風邪で会社を休むこともない自分は関係ない、それは持病のある人のことと勝手ながら思っていました。

体外受精を1年した頃、2度目の妊娠をしました。今回は胎嚢も見えていたのですが、成長は止まり再び流産でした。手元にはママになれる出産予定日のメモだけが残っていました。

悲しい、ということを感じることももうできなくなっていたと思います。誰かにその気持ちを吐き出そうと考えたことはありませんでした。体外受精に懸ける時間もお金も膨らんでいたのに度重なる流産で再び振り出しに戻ってしまい、落胆は大きいものでした。

2度の流産。「次があるから」という言葉はもう誰も言いません。妊娠をしても継続しない「不育症」を疑い検査をすると、3項目でグレーな数値が出ました。

妊娠中に血流が悪くなり、胎盤がしっかり作られず赤ちゃんに栄養が行き渡らない可能性がある。はっきりとした原因はなく体質というほうが良いのかもしれません。妊娠さえしなければ生活になんら支障がないのも特徴でした。

ほとんどの人が自然に妊娠する中で、医療の助けを借りていても私は妊娠しない。葉っぱでさえ種を残して繁殖しているのに、虫でさえ…。地球の生命のサイクルから完全に外れた気持ちでした。自分の体なのに思うようにいかないのも大きなストレスでした。「老化」という自然現象が進行していて、焦りはピークに達していました。

養子は今は考えられない

2度目の流産以来、養子縁組のことは頭の片隅にありました。夫に「養子ってどう思う？」と聞いたこともあります。私の質問は唐突すぎたかもしれません。「今は考えられない。他人の子を引き受けて愛せるか自信がない」との返答でした。もっともだと思います。私も養子を育てることに自信満々なわけはありませんでした。そして夫は「1人目に実子がいれば、次の子は養子でもいいけれど」と言うのでした。経験したことのない育児自体に不安があるのでしょう。その気持ちはわかりますが、その1人目がいないのです。「1人目がいたら養子の話はそもそもしないのに…」と訴えました。

いつになったら考えられるか聞くと、「40歳までは不妊治療を頑張ってほしい。それから考えるなら…」と。この先1年、2年でさえボロボロで続けられそうにないのに、40歳とは遥か彼方のことのよう。あと5年はありました。

夫の生活の中には通院や注射はありません。不妊治療を続けることは何も影響がないのでした。

文字で書いてしまうと「通院が大変、注射が大変」。ほんの1行で終わることですが、通院は待ち時間が3時間で、仕事と病院のスケジュールを調整すること、職場では遅刻早退、突然の欠勤で謝り続けることも含みます。

良い年をした30代の社会人がいつ仕事を休むかわからない。そんな自分が何より許せない。相変わらず不妊治療に通院していることは周囲には伏せていました。職場ではすきを見つけ病院に駆け込み、いつの間にか席に戻り仕事の続きをする忍者のような生活をしていました。

ありがたいことに職場では自分の仕事さえすれば早退など咎《とが》められることはありませんでしたが、病院ばかり行くのでさすがに「体悪いの？　大丈夫？」と心配してくれて、その優しさに心苦しかったです。きっと相談すれば勤務形態を柔軟なものにしてくれたり、力になってくれたと思います。

でも、ちょっと時代も前でしたので自分が不妊であることを公言する勇気はありませんでした。周囲に公言していた人もいなかったと思います。だからこそ支援を受けることもできずがんじがらめになっていたのだとふり返ります。

30代はキャリアのステップアップのときですが、不妊治療を優先にすると仕事の職種の選択肢もせばまります。それは自分の家庭のせいですので職場に何も思うことはありませんでしたが、このまま子どもが授からなければキャリアもない、子どももいないという状態になってしまう焦燥感はありました。

その悩みに加えて毎日痛い筋肉注射をしているなんて、不妊治療をしていない人は想像できないことだと思います。体外受精の予定があるので、友達との予定も直前にならないと入れられないので徐々につき合いも減っていました。

夫婦ともに、子どもが欲しくて授からない苦痛は同じかもしれませんが、いつの間にか不妊治療で感じる苦痛には差ができていました。

実際に3時間そこで待つのと、今日は3時間待ったと妻から聞くのとでは大きく違います。夫も一緒に待って2人で苦痛を分け合おうという話ではありません。ただ、そういう一日を妻は過ごしているともう少し想像してもらえるなら、そこからの会話は違うものになっていくと思います。

どちらかがまだ頑張ってほしいと望むなら、続けてしまうのが不妊治療です。できることならパパにしてあげたい、そしてママになりたい。今不妊治療をしている人がこの本を読んでいるなら、子どもが授かるまでのプロセスを大事にしてほしいです。

治療をしていると子どもが生まれた後のことばかり考えてしまいますが、今も大事です。いえ、そのときこそ大事です。子どもが授かっても授からなくても、協力したり思いやったプロセスは必ず残り、これからの夫婦の強みになるからです。と、誰かに私も言ってほしかった。

「不妊治療中にどんなことが辛いのか?」「今の生活で不安なことや困っていること

は何か？」という心の声を夫婦で共有していたかというと、私たちは伝え合っていなかったと思います。

「腕が腫れてぐったり疲れている私を見ているから気づいてくれるでしょう」「結婚した相手なのだからお互いをよく理解しているはず」「言葉であえて言わなくてもわかる」。これらはすべて思い込みで、残念ながら伝えなければ伝わらないのでした。

「伝えてくれないから仕方ない」と思わずに、伝えやすい環境も作ってあげてください。人は弱いところを見せるのが苦手です。楽しい話ではないのですから、相手を観察して「何かあった？」から始めてみてほしいと思います。

不妊治療はやめたい。でも2人の子どもを授かりたい気持ちはある。「夫に似ている男の子、私の若い面影を持つ女の子、その子に会いたい」と思うとどうしても養子を迎えるための一歩が踏み出せない自分がいました。養子の話は日常の中では忘れた頃にポツポツと浮かび上がり、また消え、という状態を繰り返していました。

春に人工授精をするとすぐに3度目の妊娠をしました。36歳になっていました。

3度目の妊娠

つわりがひどく24時間胃液との戦いが続いていました。起き上がることもできずキッチンに水も取りに行けない。夫が仕事に行ったあと、5分、5分、5分と時間が刻むのを数え、夫の帰宅を待っていました。

不育症の治療のため、妊娠が判明してから一日2回の血液をサラサラにする効果のあるヘパリンの注射を自分でお腹に刺していました。注射の跡が黄色いアザになりお腹はボコボコでしたが、これもお腹の赤ちゃんのため…。希望の光はそれだけでした。

この妊娠がわかってすぐに、夫は「ノー残業」で帰宅し、キッチンに立つようになりました。両手にご飯粒をたくさんつけて「おにぎりってどうやって握るの？　ご飯が全部手についてしまうよ」と慣れない料理を頑張ってくれました。私の叔母も週に2回は料理の差し入れをしてくれて、とても助かりました。

大人が2人きりで生活していると、大体のことは自分でできるのであまり頼りません。このとき私を助けようとしている夫の気持ちが嬉しく、すでに経営者の立場でしたが全社員朝礼で「妻が妊娠して辛いので残業なしで帰ります。夜は会議も入れられません」と発表する潔さには心を打たれました。結婚してから8年、「この人と結婚してよかった」と、初めて思いました。

お腹の子が生まれたら「あなたがお腹にいるときに、パパがすごく頑張ってくれたんだよ」と伝えよう！　きっとこのエピソードは子どもがパパを尊敬するだろう。それしか恩返しできることはない。夫作のたくさんの料理写真は赤ちゃんのエコー写真とともに綴られていきました。

へパリンの効果もあってか、2度の妊娠のときとは違い、赤ちゃんはどんどん成長し、初めて心拍が元気に確認できたのです。エコーの画面を見ながら涙が流れました。「やっと会えたね」

13週と18週のとき、大学病院に特殊なエコーで血流の流れが詳しくわかる胎児ドックを受けに行きました。検査では異常はなく、1つクリア、1つクリアと、不安を払拭《ふっしょく》するための安心材料を集めているようでした。

お腹も少しずつ大きくなってきて、マンションの管理人さんに「あら！　妊娠しているのー!?」と喜びの声をかけられ、お腹を撫でられることも。あまり会話をしたことがないのに妊娠しているというだけで一気に距離が縮まります。

マンションの他の住人も一緒にお腹を撫でてくれて、まるで幸せになれる魔法のお腹のようです。他の場所でもお腹を撫でられることがあり、ご利益があるのでしょうか。こうして妊婦さんの周りには笑顔が増えていくんですね。

私はこれまで妊婦さんのお腹を撫でながら喜びの声をかけたことがありません。そればかりか、そのシチュエーションに出くわすと居心地が悪く、その場にいられなくなっていました。逃げていたと言っても良いでしょう。

「その人たちの家族が増えるわけではないのに、どうしてそんなに嬉しいのだろう」「どうしてそんなに笑顔なのでしょう」と思っていました。いかに自分がおめでたい笑顔の場から遠ざかっていたかということを改めて感じました。

お腹の中の赤ちゃんが動き出して、2人でお腹に手を当て「あ！ ほらほら」「ね！」「ほんとだ！」と言いながら赤ちゃんを感じる時間は幸せそのものでした。

赤ちゃんを産んだ友人はこんなに幸せな時間を経験していたのですね。ずるいよ！ そろそろ性別もわかる頃なので名前を考えていると一日が終わり、つわりもだいぶおさまってきたので、6か月に入った頃、ようやく友人に妊娠を知らせました。診察のたびに「順調」「安定期」と言われ、徐々に赤ちゃんが生まれた後のことを考えられるようになっていきました。「今回は大丈夫よね。会うのが楽しみだね。お正月は3人だね…」と話しかけて過ごしていました。お腹の中にあなたがいるだけでこんなに毎日が幸せなんて、赤ちゃんってすごいよ。クマのぬいぐるみを赤ちゃんのために作り始めていました。

悲しいお産を経て

事態が変わったのは7か月検診の前の週。お腹の赤ちゃんが動いていないと感じ検診の日ではないけれど産婦人科を受診すると、赤ちゃんには問題はないと言われ帰されました。「寝ていただけかな。びっくりさせないでよ」とお腹に話しかけながらホッとして帰り道を歩いていたことを覚えています。

その翌週、7か月検診で「赤ちゃんが動いていない」と告げられ、すでに亡くなっていました。

私はその場で倒れてしまい、その後夫が病院に迎えにくるまでよく覚えていません。

正確にはそれから3日間は断片的にしか思い出せません。ただ、泣きながら「どうして、どうして」と答えようのないことを繰り返している私の隣で、看護師さんがずっと肩をさすっていてくれたことだけは記憶に残っています。

死産は、通常の分娩と同様に出産しなければいけません。お腹の中の赤ちゃんはすでに亡くなっているので何の力もないため、陣痛促進剤を使用しますが長い時間がかかりました。「この陣痛を乗り越えても何もないなら何のためにこの苦痛に耐えるのだろう?」

その日を境に世界は暗闇に変わり、未来が消えてしまいました。

出産の瞬間、生まれたての赤ちゃんを抱き上げて「○グラムの元気な女の子ですよ」というのがありますよね。ずっと夢見ていました。

今回はもちろんそれとは違うけれど「性別は教えてくれてもいいのに」と思いました。「おめでとう」は違うけれど無言になるくらいなら「頑張ったね」くらいは言ってくれても良いのではないかな。

私たちのお産が終わったとき、医師たちは皆口をつぐみ、誰もこちら側には寄ってきませんでした。医療従事者でさえどのような対応をして良いかわからないのでしょう。

分娩室には、私と夫がただただ泣いている声だけが響いていました。

しばらくして担当の助産師さんが病室に赤ちゃんを連れてきてくれました。普通に出産した赤ちゃんと同じベビーベッドに乗せてもらっています。手形も残してくれました。初めて見る形ある我が子。あなたにどれだけ会いたかったか。

「こんなことになってごめんね。苦しかったかもしれない。ごめんね」

生まれた赤ちゃんは7か月ですので、もちろん小さかったけれど、こんなに立派に成長してくれていたのに…。

ちゃんと気づいてあげられなくてごめんなさい。爪もある。足が長い。目元が似ている。見ていると亡くなっているのでかわいそうだけど、かわいいと思ったり、いろんな感情が湧き出てきました。

「かわいいですね、美人さんですね」と助産師さんが言ってくれて、嬉しくて涙がポロポロ流れました。女の子でした。

検診のときの看護師さんと病棟の助産師さんに共通しているのは、言葉を多くは発しないけれど隣にそっといてくれたことです。このとき以来お会いする機会はありませんが、寄り添ってくれたお2人のことはずっと心の拠り所にしていました。

生まれたての赤ちゃんを抱っこしている友人の出産報告の写真を今まで幾度も見てきました。これが私にとって最後のお産。最後の赤ちゃんかもしれない。

亡くなっているけれど必死に写真に収めていたことを覚えています。誰にも見せることのない写真。でも確かにここにこの子がいたことを残したかったのかもしれません。

3人の時間は火葬するまでのわずかしかありません。家に連れて帰って3人で並んで眠る人もいるそうです。突然入院になったので何も準備しておらず、棺の中に寂しくないように作りかけのクマのぬいぐるみと、パパとママそれぞれからの手紙を入れました。

私たち夫婦は、亡くなっている娘を胸に抱き、語りかけ、3人で過ごし、火葬場で骨を拾いました。夫がこんなに泣いている姿を見たことがありませんでした。

この子の親として2人で悲しみました。

片方が悲しみに暮れていると、もう片方が励ます。そういう関係は日常で身についているかもしれませんが、励ましはまだ不要で、悲しみを分かち合うことが何より心を穏やかにしてくれました。大きな悲しみを共有し、夫婦の絆を強めたかもしれません。

退院してから元の家に戻ると、赤ちゃんの名づけの本が目に入りました。毎日考えることがなくなってしまいこれから何をしていけば良いのか、自分だけ生きていることも申し訳なく思えました。

小さい骨壺だけが残り、そばに置いていたかったので納骨はせず寝室に置いていました。病室で撮った3人の写真もありましたが、亡くなっている写真を見ているとかわいそうという夫の意見に納得し、代わりに手形を飾ることになりました。

お母さんになりたい、それだけなのに…。

「もう少しで赤ちゃんに会える。今回は届きそう」と思ってしまったから余計に悲しみは深いです。こんなに誕生を待ちわびている人がいるのに、生まれない命ってあるんですね。

「神様は乗り越えられない試練は与えない」とは、励ましのためによく使われる言葉ですが、本当にそうでしょうか。ただ死ななかっただけで積極的に生きていない人なんてたくさんいると思います。

夫が出社したあと、気づけば夕方で部屋が暗くなっていました。手元にはエコー写真を綴った赤ちゃん日記。死産後も書き続けていましたが「どうしていなくなってしまったの？」という言葉が並んでいました。

夫は、毎日泣いている私に「早く元気になろうね」などの回復を急かすような言葉は一切かけず「今は泣いていいんだよ」と肩を寄せてくれました。思うままに悲しみを表す私をそのまま受け止めてくれました。大変だったと思います。

夫も我が子を失った1人。パパになれなかった悲しみは同じようにあるのに、3日目には仕事に復帰し、たくさんの人に説明しなければいけませんでした。

そんな中で支えてくれてありがとう。感謝しています。妊娠中にサポートしてくれた恩返しができなくなってしまいました。またパパにしてあげられなかった。申し訳ない気持ちでいっぱいです。

不妊治療の真の苦しみ

私が不妊治療を始めてから7年が経過していました。

途中で休んだり、妊娠したり空白はあるものの、長いですね。この間に少しずつ時代の流れも変わってきました。妊娠するために活動する「妊活」という言葉が浸透し、不妊治療は珍しいことではなく隠すことでもないと世間の意識も変わり、職場で公表する人も増え、不妊休暇や助成金などの企業の支援制度も広がってきました。良い流れだと思います。

それと同時に、不妊治療をして高齢出産する芸能人の影響でしょうか。治療の甲斐あって赤ちゃんを授かった幸せエピソードがあちこちから発信され、「みんな不妊治療しましょう」「高齢でも大丈夫」という流れに怖さも感じていました。

不妊治療の妊娠率が１００％なら、「子どもが欲しい人はお金を集めて不妊クリニックへＧＯ！」と私も積極的に応援しますが、先述したように医療は万能ではなくあくまで補助医療です。

35歳の体外受精の出生率は17・２％、40歳では８・３％と低くなり、代わりに流産率は上がっていきます。医療が進んでも妊娠適齢期は昔から変わらずリミットも必ずあるのです（「体外受精で子どもが生まれる割合」日本産科婦人科学会調べ／２０１３年）。

子どもを授かった人のその後ろにはたくさんのあきらめた人がいて、そこに光が当たることは滅多にありません。サクセスストーリーはメディアが取り上げやすいですが、それ以外にもストーリーはあり、不妊治療の行方は「妊娠成立」ばかりではありません。

私が不妊治療を始めたとき、妊娠出産という一本道しかないと思っていました。なので、その道以外に外れることができないことも苦しみの要因でした。

私の不妊相談室に訪れる方の悩みにはいくつかの段階があります。最初は妊娠せず周囲との関係で悩み、不妊治療のステップのことで悩み、徐々に不妊治療を施しても授からない自分に落ち込み、最後はやめるタイミングに悩むのです。

いつまで続けるか？　いつやめるか？　どうしたらやめられるのか？　私自身も死産を経て、気持ちは揺れていました。今日は治療をやめようと心に決めたのに、次の日にはやっぱり子どもが欲しいと思ったり、行ったり来たりの心境だったのは、続けるのもやめるのも辛いからです。

不妊治療は大変ですが、真の苦しみは治療をしても授からないことでした。「この先子どもを授からない」。これはできれば考えたくないことで、妊娠率などあらゆる平均的なデータから目を背けてしまうことがあります。わずか数％の低い可能性でも、「０％ではない」と都合よく考えて脳で処理していました。

「人は一度目標をもって始めたことを、達成せずに途中でやめるのが苦手…」どうせなら誰かに区切りをつけてほしいとさえ思っていたこともあります。

子どもがいなくてもいいですか？

子どもの声を聴くボランティア団体で活動を始めました。「自分に子どもがいなくても、どこかの子どもの通りすがりの人にはなれるかもしれない。隣のおばちゃんみたいな存在でもいいので何かをしたい」と思ったのです。

ボランティアに申し込むとき、最初は躊躇しました。「子どもを育てた経験のない私が子どもの支えになれるのだろうか」と。くだらない心配と思うかもしれませんが、何しろ自信がなくなっていたので、何かにつけて「子どもがいないから」と前置きする癖がついていました。

実際に、子育て経験がない人には子育ての苦労はわからないという考えの人もいます。嫌な思いをするくらいなら子どもから離れて暮らせばいいと思うこともありましたが、やっぱり行き着く興味関心は子どもの成長なのでした。

団体で活動を始めると、メンバーの家族構成はバラバラで、未婚や子どもがいない人もたくさんいました。子どもの心に寄り添えるかは子どもの有無ではなく、その人の資質や知識を学ぶ力や思いやりであるとメンバーを見ていると徐々に思えるようになっていったのです。

思い切って申し込んだこの団体で活動して6年、いつの間にか私の「居場所」の1つになっています。子どもの有無によって線引きされることもありませんでした。ここでは私自身を見てくれて私を認めてくれました。

人は認められるところだわりが少しずつ剝がれ落ちていくのかもしれません。結婚して子育てをスタートするという自分で敷いた一本道のレールですが、それ以外の道があってもいいと思うようになっていました。子どもがいない自分を受け入れる作業が始まっていたのかもしれません。枠が1つずつ外されて自由になるようでした。

かつての私は「不妊の辛さは不妊の人にしかわからない」と思っていました。そして同じ経験をした当事者の中にいると安心したのです。

それから数年の間にたくさんの不妊ではない人に出会い、私の考えは「当事者にしかわからないこともあるけれど、辛さを想像して寄り添ってくれる人もいる」と変化していきました。

マイノリティの中だけではなく、社会の中に仲間ができるとグンと生きやすくなります。不妊に限らず多様性を尊重していろんな境遇の人が共存していけると平和な世の中になるのではないでしょうか?

自分と向き合い、不妊ピア・カウンセラーに

赤ちゃんを失った絶望の中から完全に抜け出たわけではありませんが、少しずつ社会復帰をしていました。

死産から1年が経過した頃、悲しみの傷は痛みをともなって残っていました。流産や死産で赤ちゃんを失った人の悲しみを癒す「グリーフケア」のお話会に参加したくらいで、限られた仲間にしか会わず引きこもっていました。先のことはあまり想像できませんでしたが、それでも少し前向きな充電という状態でした。

妊娠していた幸せな時期を思い出そうとすると、お腹の子が亡くなっていると告げられた場面に戻され、赤ちゃんを思いたい気持ちがあるのに思い出すと苦しい。混乱していました。再び巡ってくる同じ季節、同じ風景、同じ匂い。命日が近づくとどこかに逃げたくなっていました。

私は2人の生殖心理カウンセラーから継続的にカウンセリングを受けていました。公認心理師の小倉《おぐら》智子先生と、医療従事者にグリーフケアの指導をされている石井慶子先生です。赤ちゃんへの思いが混乱している状況を伝えると、小倉先生からは「健康に悲しむ」という言葉を教えてもらい、それができる日がいつか来ることを心の支えにしていました。

石井先生には「死産前の私に戻れるのはいつでしょうか?」と質問したことがあります。

この苦しみから抜け出したい焦りがありました。すると「戻れません」とはっきり言われ驚きました。「死産を経験した者として生きていくことになります」と続けられました。前のように戻ろうとするから苦しかったのかもしれません。ここで生きていくしかないと観念したことを覚えています。

2年目に不妊当事者として小さな相談室を始めました。支援にはそれぞれの役割があ

ります が、私の役割は同じ経験をした立場としてお話を伺うことです。お話会も頻繁に開催していました。他の当事者の話を知ることで1人じゃないと感じてもらえると思ったからです。

あるとき医療従事者向けに死産当事者として話をする機会を与えていただきました。もう人前で話すことができると自分では思っていたのですが、当時寄り添ってくれた看護師さんの話をした途端に予想外に号泣してしまい、あまり役に立ちませんでした。普通に暮らしているようでも、悲しみの中にすぐに引き戻される状態に気づきました。

3年目、赤ちゃんの骨をお墓に入れることにしました。普段私たち夫婦は赤ちゃんのことを話すことはありませんが、1年に1度、赤ちゃんを思い出す場所に出かける行事があっても良いと思ったのです。

納骨しないといつまでも成仏できないという人もいるかもしれませんが、今まで自宅に置いていたことを夫は何も言いませんでした。私の気持ちを尊重してもらったことで十分満たされたから次に進めました。父も眠るお墓です。きっと赤ちゃんは抱っこしてもらい寂しくありません。

この頃から当事者としてインタビューを受けたり、メディアに掲載されることも増えました。自分は誰なのか、「ピア・カウンセラー」と名乗ることで不妊や死産の当事者であることが公になります。過去のことを余計に知られたくはないけれど、自分が救われたきっかけは同じ経験をした「ピア」（仲間）の存在でした。

当事者だから共感したり、相談してみようと思う人がいるかもしれません。

私が公表すると、同時に夫にも影響はありそうでした。家族会議をして、結果的に私のありのままを公表して活動することに賛成してくれました。

いざ、顔や名前を公表して活動してみると、表も裏もなく隠していることがなくなったのでスッキリしました。どうして不妊カウンセラーの活動をしているのかなど、自分が不妊である事実を伏せていては話が通じないことがたくさんあったからです。今の考え方や生き方は、すべて経験してきたことで作られているのです。悲しい経験も含めて私。かつて石井先生に言われた「死産を経験した者として生きていく」という言葉の通りになっていました。

悲しみを癒すものとして「時間は薬」とよく言いますよね。この3～4年の時間の経過はまさに薬でした。欲を言えば「時間の過ごし方」も重要です。人間は1人では生きていけない、誰とどんな風に時間を過ごすか、悲しみを分かち合ってくれる人の存在は必要でした。孤独は辛いものです。気づくと居心地のいい空間が周りにできていました。

4年目の命日、お墓の前で夫がおもむろにつぶやきました。
「生まれなかった命があるのだから、生まれた自分は精一杯生きよう」と。
「そして、何か辛いことがあったら娘のことを思い出そう」と言ったのです。

娘の出来事は悲しく辛いものであるに変わりはありませんが、時が経ち、逆に辛いときに思い出し、勇気を持たせてくれる存在になっていました。小倉先生に言われた「健康に悲しむ」とはこう言うことなのかもしれません。

もう1つ回復の助けになったのは、「達成感」を得ることでした。3度目の妊娠でも死産という結果ですから、喪失感ばかり味わっていたのです。

この期間に私は家族相談士と更に不妊カウンセラーの資格を取得しました。何かに打ち込んでいたかったのも事実です。勉強して合格するという流れは実にシンプルで、達成感はもちろん、自分を正当に評価されているようで自信につながりました。

その他にもゴルフのレッスンや英会話学校に通うと、気持ちが良いくらい努力と結果が比例していました。いくら頑張っても何をやっても容赦なくダメを突きつけられる不妊治療との区別をはっきりと認識することができ「私もやればできる」と自己肯定感が回復されたのです。

では、不妊治療中、夫はどうだったかというと、会社の成長がありました。部下を育てる、事業を成功させる。やりがい、達成感で日々充実しているようでした。不妊や死産の喪失感はあったと思いますが、その他で達成できる材料があったことは救いになったと思います。

できれば女性もそうありたいものです。しかし、1か月の体外受精の通院日数は多ければ10日。それに加え全身麻酔をする採卵が丸一日あり、あっという間に通院一色の日々になってしまいます。

この日常の中で「他の材料」を見つけることは現実的に難しいと思います。ただ振り返って言えることは、「努力ではどうにもならないことに挑戦をしている自分を評価してあげてほしい」ということです。過去の自分と不妊治療中の人に伝えてあげたいです。

養子を迎えることとは実子をあきらめること

4月4日は「よ〜しの日」として特別養子縁組の大きなイベントが毎年開催されています。このキャンペーンは「ハッピーゆりかごプロジェクト」と題して、社会的養護の啓発を目的として2013年に始まりました。

さっそくこのイベントに夫を誘ったのですが、「来年行くよ」とやんわり断られました。無理やり連れ出すものではないので今回は1人で行きました。

翌年の4月4日にも同じようにイベントは開催され、再び夫を誘いました。するとまた「来年行くよ」と言われたのです。この人って…。本当に天然記念物なのかはさておき「それ去年も言われたから1年待ったんだよ」と告げ、イベントに2人で参加しました。

豪田トモ監督のドキュメンタリー映画「うまれる」の上映あり、赤ちゃん縁組の先駆者である元愛知県児童相談所・児童福祉司、矢満田篤二《やまんだとくじ》さんと、熊本にある匿名で赤ちゃんを託すことができる慈恵病院の蓮田太二院長の講演ありと豪華ラインナップでした。

夫に感想を聞くと「社会的養護や家族と暮らせない子が日本にいることはよくわかった。映画も感動して涙が出た」と言いました。

ただ、特別養子縁組の必要性は理解しても、それを自分の家でするかというと、そこはつながらないようで、「養子や里子に偏見はないし、たくさんの子が家庭で育ってほしいけれど、自分が血のつながらない子を迎え親になるかは別問題」「いまだ愛せるか自信がないし、愛せないと思ったときに後戻りができないからそんな無責任なことはできないなぁ」と言っていました。

イベントに参加した後に話が急進展することはなく「自分で産めればこんなことを夫

婦ですり合わせしなくても良いのに。だいたい人生に関わる大きな問題をすり合わせるのは不可能なのではないか。このまま人生が終わって墓に入ってしまうかもしれない」と思っていました。

「養子を決断するということは、同時に実子をあきらめることも発生」します。養子を迎えた後に自然妊娠する例もないとは言えませんが、不妊治療後となると、すでに高齢の女性が多く、第二子を妊娠というのは今の日本のケースではあまり現実的ではありません。

「養子を迎えることに夫が好意的になってくれればいいな」と思う一方で、私の中にも葛藤はありました。

「自分に似ている」とはどういう感情なのでしょう。友人の子は友人にそっくりですね。それが何気ない会話で飛び交いますが、半分ずつの遺伝子を受け継いで人間が創られるなんてミラクルです。

「自分の子の顔が見たい」「夫婦の子どもってどんな顔なんだろう？」「私たちの面影を持ったその子が成長して青春を楽しんでいく姿を見たい」「ママに似ている、パパに似ているという会話をしてみたい…」

養子を決断するということはそれらをあきらめるということにもなるのです。自分に似ていないというのはどの程度養子を育てる上で自分に影響してくるのでしょうか。それが自分の許容範囲内なのか、全くわかりません。これが血のつながりへの執着なのでしょうか。

そんなとき、ツイッターで「不妊の人は養子を迎えればいい」というつぶやきを見ました。不妊治療に何十万も大金を使うくらいなら社会的養護に努めよ、というものでした。ツイートしたのは若い既婚男性、2人の実子がいました。

このツイートには賛同する人がたくさんいました。当時は今以上に特別養子縁組は狭き門。新しい家庭につなぐ児童相談所の機能は私が調べた数年前からほぼ変わらず動いていませんでした。夫婦が養子を迎えると決断しても縁組成立の可能性は１％なのです。少し調べるとわかることなのに残念でした。

中途半端な知識で発信した内容でもネット上ではどんどん広がってしまう。それに、社会的養護のことは国民みんなで考えることなので、不妊の人だけに限定されるのも違和感があります。不妊当事者の実子をあきらめる心の部分も考えられていませんでした。せめて、簡単に言わないでほしいです。

「子ども、まだできないの？」という不躾《ぶしつけ》な質問に耐えたと思ったら、「不妊治療すれば良いでしょ」とおすすめされたはずなのに、「治療にお金かけないで養子を迎えればいいのに」と世間の意見はコロコロ変わり、随分と勝手なものなのでした。

世間ってそんなものなのです。だからこそ自分で納得して決めなければいけないとは思うのですが、子どもがいる人は子どもがいない人になんでも言って良いわけではありませんよね。私は不妊の件では当事者ですが、癌ではなく結婚していてLGBTではありませんので、そこでは当事者ではありません。

誰しもあるときは当事者、あるときは当事者以外になるのです。特に、自分がマジョリティのときこそ知ったつもりになっていないか、意見を押しつけていないか、注意しなければいけないと改めて思いました。

SNSは自由に発信できるので止めることはできません。中途半端な情報が広がってしまう理由の1つに、社会的養護の発信が不足していることが考えられます。乳児院の赤ちゃんのことをどのくらいの人が知っているでしょうか。

シンポジウムに集まるメンバーはすでに関心のある人ばかりで同じ顔ぶれが目立ちます。大人は赤ちゃんの代弁をしていく存在なのに、ほとんどの大人がその事実を知らない。どこから手をつけて良いか悩んでいるうちに乳児院の赤ちゃんはハイハイして歩くようになって愛着形成の時期を集団養育の場で過ごしてしまいます。

乳児院の赤ちゃんを見ればこのままで良いとは思わない。誰しも何かしなくてはと心が動くでしょう。無関心ではなく、知らないだけなのかもしれません。が、知らないことも罪なのです。

この日本の現状に不満が溢れていましたが、ふと、この現状が解消されて、子どもの福祉が守られ、特別養子縁組がスムーズに行われているとしたら私はどうするだろうと考えていました。

「はい、どうぞ」となんの問題もなく次の順番が来たら、養子を迎える覚悟はできているのでしょうか。夫の気持ちを確かめながら、常に自分も揺れていました。

夫の回想コラム

PART 4

そのとき、夫はどう感じていたのか、何を思っていたのか

――2度の流産のとき

初めての妊娠がわかったとき、「僕たちでも妊娠することができるんだ！」と、すごく嬉しかったことを覚えています。

自分がパパになる――。

初めて「パパになる自分」を想像した瞬間でもありました。

ちゃんとした治療を受ければ、自分たちでも妊娠することができる。出口がないように感じた不妊治療というトンネルも、あきらめずに走り続ければゴールにたどり着く

ことができるんだ。そう思いました。

1度目の流産のとき、とても残念で悲しかったですが、妊娠初期の早期流産は8〜15％の確率で起こることはどこかで聞いて（なんとなく）知っていましたし、僕の友人や知人でもしばしば起こっていたことなので、「妊娠することはできるって証明されたんだ。次があるさ！」と、どこか楽観的に捉えていました。

2度目の流産のときは、人工授精よりもはるかにかつ、妻の精神的・身体的ダメージが大きい体外受精を1年ほどして訪れた吉報の後でした。

流産の悲しみはありましたが、僕の何倍も悲しみ、憔悴しきっている妻を支えなければ——。そんな使命感にも似た気持ちでした。

——「養子は今は考えられない」と伝えたとき

2度の流産を経験した後でしたが、まだ実子をあきらめきれない自分がいました。

それ以上に、「養子」は、どこか遠い国の有名人や、日本では歌舞伎役者などがするもので、「まさか自分がすることではない」と、自分事にできない、とても距離のあるものでした。

「今は考えられないけど、『そのとき』がきたら真剣に考える」というものではなく、「全くイメージが湧かないし、たぶん養子を迎える決断をすることはないだろうから、先延ばしにするフリをした」と言ったほうが正しいかもしれません。

――「3度目の妊娠」のとき

「3度目の正直！」と思いました。

お腹の子どもが元気に育ってくれるために、僕ができることなんてゼロに等しいわけですが、だからこそ、自分にできるサポートは何でもやるつもりで、妊娠がわかった直後から残業と会食はすべてキャンセルし、超特急で帰宅して妻をサポートすることに決めました。

僕の会社では、夏に全社員とその家族が集まり、バーベキューをするイベントがあります。夏には安定期に入っていたため、お腹の大きくなった妻と一緒に参加すると、社員みんなが祝福してくれました。

たった7人で始まった毎年恒例のバーベキューイベントも、この頃は社員の家族も含め50人以上の規模になっていました。そして、結婚・出産適齢期の多い我が社は、年を重ねるたびに配偶者や子どもが増えていきます。

でも私たちは、毎年夫婦2人での参加で、少し肩身の狭い思いをしていた気がします。

「これでうちもファミリー組に入ることができる」

みんなに大きくなったお腹をなでられ、幸福と祝福の輪の中心にいる妻を見ながら、そう思ったのでした。

――「悲しいお産」のとき

その日、真っ青な顔をした管理部のスタッフが会議室に飛び込んできて、「池田さん、奥さんの病院から至急の電話がかかってきています」と告げました。

月曜日の朝に、病院から会社に電話が来る。良い知らせのはずがありません。

電話で告げられた内容は、ほとんど記憶にありません。急いで家に帰り、車で妻のいる病院に向かいました。

病院に着くと、看護師に手を握られながら横になっている妻が、泣きじゃくりながら「ごめんなさい。ごめんなさい」と繰り返しています。僕は「大丈夫だよ。大丈夫だよ」と言ってあげることが精一杯でした。

病院から、この足で「別の病院へ行き、そのまま入院して、すぐに産んであげる必要がある」と告げられました。

安定期に入って安心していました。年末には赤ちゃんが産まれて、2人の夫婦から3人の家族になるはずでした。

でも、そのときは悲しみに暮れる余裕はありません。「とにかく、妻を支えなければならない」。その一心でした。

なんとか理性を保ちながら妻を車に乗せ、運転に集中し、お産をする病院にたどり着き、入院手続きをして、家に帰り、いろいろな準備をして、また病院に行きました（記憶が定かではありません）。

翌日、僕も立ち会って、悲しいお産が始まりました。

陣痛促進剤が効き始め、苦しそうにいきむ妻。この苦しさの果てに、元気な命が産まれてきてくれるなら、苦しむ意味もあるのでしょう。でも、産まれてくる子は、すでに亡くなってしまっているのです。

産まれてきても、「オギャー！」と泣かない子。これから一緒に生活し、成長して、家族になっていくことができない子。そんなかわいそうな子を産み落とそうと苦しむ妻の声は、痛みではなく、悲しい悲鳴に聞こえました。

産まれた瞬間、泣きじゃくる妻の手を握り、僕も涙が止まりませんでした。

亡くなった赤ちゃんと病室で一緒に過ごし、数日後に退院し、火葬場から自宅に帰った夜、僕たち夫婦は、2人、ソファで肩を寄せ合って、いつまでも一緒に泣きました。自分でもびっくりするほど、涙が止まりませんでした。

富士山のふもとで。10年以上の不妊治療を経て、先送りしていた趣味をスタート。毎週のようにキャンプを行っていた頃

4章

養子を迎えるまで

妊活終了から養子を迎える決意

「いつか」という人生の先送りをやめる

私たちには「子どもができてから…」と先送りしていたことが山ほどありました。

人生の折り返し地点の40歳を目前に残りの人生をどんな風に過ごしていくかを考え出していました。子どもについては2人の想いだけではどうにもならないけれど、それ以外は準備や計画を立て、たった2人の同意があればスタートできるのではないか。1度しかない人生、自分たちのしたいことをしよう。夫婦の考えは一致しタガが外れたようにあれこれ始めました。

最初に始めたのはキャンプです。

私はキャンプというものは、幸せな家族の象徴で、子連れファミリーがするものと思い込んでおり、「子どもができてから行こう」と保留にしていました。そんなことを私がツイッターでぼやいていたら「夫婦2人でも楽しいよ！」とツイッター仲間が返してくれて、それをきっかけにキャンプグッズを買い、キャンプ料理を研究し、キャンプ仲間を集い、真冬でもキャンプに出かけるほどすっかりハマりました。キャンプ場には子連れもいますが夫婦2人組もたくさんいました。当然ながらあらゆる人たちがいたのです。

「子どもができたら海のそばで育てたいよね」。これは結婚してから私たちの合言葉として幾度となく交わしてきました。海の街で育った私は、子どもにも海の匂いを感じてもらいたいと思っていたのです。「子ども部屋の数が決まってから…」と頑なに先延ばしにしていましたが、「2人でも海のそばで暮らそう！」と思い込みを打ち破り、ついに「新居建設」に着手しました。子ども部屋のない1LDKです。

人生が再び動き出したようでした。

家を建てるには1つ1つにお金がかかり、住宅ローンもあります。毎月定額を長期にわたり支払わなければいけません。いつまで続くかわからない不透明な不妊治療はネックでした。

それと同時にあらゆる先送りをやめたらやることがたくさんできて不妊治療をしている時間がなくなってきたのです。「不妊治療の終わり」が近づいてきました。

今まで「子どもがいないからできない」と思い、行動の幅を狭めていたのは、他でもない自分自身だったのです。

子どもがいなくてもその人の価値は変わらない

ある日、友人と食事をしていると隣の老夫婦が話しかけてきました。「ところでみなさん結婚しているの？　ぜひ子どもを産んでください」と言いました。

私たち3人は全員が不妊治療を経験した者で、1人は体外受精で子どもを産み、2人は子どもがいません。「産みたいのに産めない人もいるのです」と言おうと思ったけれどやめました。私たちは美味しいものを食べに来ているのです。

そんな経験もあり、「女は産むことが当然で更にそれが最大の幸せ」という言葉や、「子どもを育ててこそ一人前」という言葉に激しく嫌悪感を抱いていました。未婚でも子どもがいなくても立派な友人はたくさんいます。

ある集いで、「子どもがいない人を偏見の目で見ないでほしい」と正義感たっぷりに話していたところ、ご婦人に「もしかして偏見を持っているのはあなた自身ということもあるのよ」と返されたのです。

私は偏見で苦しんできた側であり、偏見をなくそうという思いで不妊の大変さや苦しさを周囲に向けて発信しているのに？　まさかの言葉でした。

でも、その投げかけられた言葉はまたしても頭から離れません。

「子どもがいるのが普通の家庭」、もしかして「子どもがいない家庭は普通ではない」と私が思っているというのでしょうか。子どもがいない人を認めていないのは自分で、子どもがいない自分を認めてないのも自分ということでしょうか。

普通を求めているうちはその呪縛からは離れられない。普通が幸せとは限らない。子どもがいなくてもその人の価値は変わらない。自分を受け入れるということが、ようやく芯から理解できるようになったのです。ハッと目が覚めた気分でした。

妊活マラソンに終止符を打つ

3度目の妊娠が死産に終わり、その後の不妊治療を同じペースで続けようとは思えませんでした。

私の妊活マラソンはどこに向かっていくのでしょう。ゴールはどこかにあるのでしょうか。すでに努力が結果を結ばないこともあると知っていましたが、あきらめようとするとまた妊娠し、希望が生まれて心が揺れて長く走り続けてしまいました。

不妊治療をやめたら自分はどうなるだろう…。ここまで思いを懸けてやってきたことを達成せずに途中でやめるのは初めてのことです。いつか我が子としたいことは保留のまま残っています。もっと早く考えなければいけないものを「いつか」という曖昧な言葉を使って逃げていたのかもしれません。もう永遠に叶わない、その状態を私は受け止められるでしょうか。

ただ、持病の子宮腺筋症はひどく悪化していました。

深夜に子宮が破裂するのではないかと思うほどの激痛で救急病院に運ばれ急遽入院になったことは1度ではありません。毎月の月経は脂汗を流し悶え苦しんでいました。子宮腺筋症の治療は不妊治療を中止しなければいけないために、延ばし延ばしにしていました。これ以上病を放置して生活するのは限界でした。健康な生活ができることもまた幸せなことなのです。

不妊クリニックには凍結した受精卵がずっと保管されていました。この受精卵の移植を最後にしよう。心に決めて不妊クリニックの先生にも伝えていました。自分の胸の内だけに留めておくとこの決心が変わりそうだったからです。

判定日、陰性でした。正直やっぱり…という感じでしたが、1ミリくらい妊娠を妄想する自分もいて、ピンクの花を買ったり。人間はどこまでも前向きですね。

「これで最後にします。ありがとうございました」と伝えたら、先生が「お疲れ様」と右手を差し出してくれて、熱い握手を交わしました。

「先生の手、大きい‼」。私の妊娠のために努力してくださいました。「こちらのクリニックに出会えてよかった」

涙がポロッと落ちました。妊活マラソンのゴールに私を待っていたのは一緒に戦ってくれた先生の握手でした。赤ちゃん連れではなく単独ゴールとなりましたが、気持ちは意外にも晴れていました。

帰り道、川沿いを通ると桜が満開でした。それはそれはため息の出るほどの光景で、人々は足を止め笑顔で写真を撮っています。私も足を止め、しばし眺めました。綺麗なものを綺麗と思える心があれば、この先なんとかなるかもしれません。

その少し後、私の大好きなプロゴルファー宮里藍選手が引退しました。14年の選手生活に終止符を打ったのです。私たちの結婚生活も14年。この期間、常に子どものことは頭にあり、重ね合わせて記者会見を見ていました。記者からは「引退ではなく休養は考えなかったのですか?」と質問が飛び、宮里選手は「そこまで甘い世界ではない。モチベーションを保てなくなった」と答えていました。己を知っての言葉、潔いですよね。

不妊治療をやめようと思っても「芸能人の高齢出産」「転院したら妊娠した」という誘惑は常に目に飛び込んできます。でもその人ではないのです。見えないものに懸けるモチベーションが保てなくなっていました。

「できることはやり切った」そう言えます。

子宮全摘の家族会議

いよいよ子宮腺筋症がごまかせなくなってきました。子宮腺筋症は正常の子宮内膜が、子宮の筋肉の中に潜り込む状態で、筋肉の中に入る深さが深いほど月経時の内膜剝離が広い範囲になり痛みがひどくなるのです。子宮は大きく硬くなり、赤ちゃんが育つ環境としては良くありません。

婦人科を受診し骨盤ＭＲＩを撮影すると子宮は背中側まで広がり通常の3倍ほどあると診断されました。医師は問診票を眺め、過去の妊娠履歴の結果が流産・死産であることを知り、「お子さんは望まれてますよね？」と配慮して話を進めてくれました。

女性の閉経年齢は平均50歳です。子宮温存の選択をすると閉経まで約10年間は苦しむことになります。単純に計算すると月経はあと１２０回ありました。その間、女性ホルモンのエストロゲンは分泌されますので内膜は増殖と剝離を毎月の月経で繰り返し、今の状態よりも悪化することが考えられるそう。目眩がします。妊娠・出産を優先して考えていた30代。自分の体のことは後回しにしてしまったツケです。

35歳を過ぎた頃、月経痛はひどくなっていましたが、天秤にかけたとき赤ちゃんを授かりたい想いが優先していました。治療方法は内服薬、ホルモン療法、子宮全摘出術の3つがありますが、私の場合は根治を目指すなら投薬では効果は得られず子宮全摘出術が適しているそうです。

病院の帰り道、夫に子宮全摘について医師から提案があったメールをすると「今日の夜に話そう」と珍しくすぐに返事があり、スムーズに家族会議が始まりました。

そして、このとき夫は、「子宮を取り除くことは男ならどの臓器に当たるんだろう。えーとえーと。あそこかな？　いや、あそこかも？」と言いました。笑わせようとしているわけではなさそうです。そのたとえは正しいのかわからないのですが、とにかく夫は、私が大事なものを失うことを自分に置き換えて考えようとしていたようです。

「自分だったら…」と想像してくれたことを嬉しく思いました。「もういい年だから、子宮全摘しても良いんじゃない？　妊娠する可能性が低いから取ってしまえば？」と言われていたらきっと悲しかったでしょう。

夫は続けて「子宮が硬く肥大していて周囲の臓器にも癒着があるかもしれない。そういう状態で妊娠したとしても、無事に出産できるのかという問題もあるよね」と言いました。私たちは3度の妊娠とも出産に至っていません。そこに怖さもありました。

すべての女性がいつかは閉経します。子宮のお役目の終わりが必ず来るのですが、自然に年齢が来て閉経するのと、自分が手を加えて終わりにさせるのでは感覚的に違いがありました。子どもを授かるための真逆のことをするのですから悩ましいです。

自分の気持ちを伝え、夫の考えも知りました。私たちはなかなか対話ができる夫婦に成長したのかもしれません。不妊治療中もこんな風に話ができれば度重なる温度差を感じずにすんだかもしれません。

家族会議では、「子宮全摘が妥当」という結論に達しました。

決断を後押ししたのは、残りの人生をともに歩むパートナーである夫が私の気持ちを理解してくれたことです。話はトントンと進み、クリスマスに入院することが決まりました。あと2か月しかありません。

「閉経したら女が終わったように感じる」という喪失の言葉があるように、子宮は女性のシンボルのようにたとえられることがあります。それだけ妊娠出産は女性の人生を左右するものなのでしょう。2か月後に「女」が終わってしまったらその先私は何者として生きていくのでしょうか…？「旧女」「元女」でしょうか。「女」には変わりはないはずです。

「産むこと」と「育てること」はセットじゃない

子宮全摘を決めてから、私の心は意外にも穏やかでした。賑わうクリスマスに病院に入院しました。明日の手術に備えのんびり過ごすだけで今日はあまりすることがありません。1人で寝ると金縛りにあうクセがあるのでそれだけが心配です。

新居が完成して海の町に引越しをして半年。都会暮らしから一変、新しい環境は不妊治療から離れるきっかけとして大きな効果がありました。

不妊治療をやめても妊活を続けている人はいますよね。一気に何もかもやめなくても一段ずつ段階を上るように受け入れていくのは良い方法だと思います。

私の場合はこの手術によって妊娠出産の可能性が「ゼロ」になります。今まで常に妊娠率を意識してきたものですから、ゼロというのは残酷な数字に思えますが、これでわずかな希望を持たなくてすむことに心はスッキリしていました。

頭で理解していても「もしかしたら…」という気持ちがいつもどこかにあり、切りがないことを繰り返していました。行ったり来たりする時間は無駄ではないのですが、ストレスだったと思います。こんなことがなければまだ1％を追い求めていたかもしれません。執着心が強く往生際が悪い私にとっては良いチャンスでした。

将来子どもが欲しいと思ったとき、「産むこと」と「育てる」ことを区別して考えている人はほぼいないと思います。私も2つはセットで考えていたので不妊治療をしていました。だからこそ特別養子縁組を考えたとき、「産むこと」の可能性がわずかでもあるならそれに懸けたいと思い、二の足を踏んでいたのです。

ただ、手術する明日、「産むこと」の可能性はゼロになります。

この状況でも私の心の中には「子どもを育てたい」という気持ちが変わらずありました。「産むこと」が完全に消えたから「育てたい」という感情が残っていることに気づいたのかもしれません。

「養子を愛せるのだろうか。責任持って育てていけるのだろうか…」と、おこがましくも「我が子」と「養子」を比較していました。「我が子」がいないのにです。

子どもの声を聴くボランティアは続けていました。「幼いながらも子どもは親や友達のことを必死に考えている。健気で素直。子どもって面白い。ちょっと反抗的な言葉を使う子にも必ず背景がある。自分に子どもがいなくてもこんな風に子どもと関わることも私の役割かもしれない」と思っていました。

施設を退所した若者のアフターケアも同じなのですが、相手がすでに困っていたり、悩んでいるときに介入します。もちろん例外もありますが、多くは何かが起きたら出番がきます。かける言葉1つで何もかも解決することはありませんが、変化する様子を肌で感じていました。

日常の中で愛情を感じたり、守られている安心感を得ることが人を信頼する心を育み、人格を形成していきます。親が全てを担うことなんてできないのですから、困ったときに手を差し伸べてくれる大人はもちろん必要です。親ではない大人との関わり、「斜めの関係」だから遠慮なく話せることもあります。子どもはたくさんの大人と出会うほど多様性を身につけて柔軟に成長していくと思っています。

「ただ、やっぱり…親の存在は大きい」「親になれたらなぁ…」「スポットではなく永続的に隣にいたい。期間限定ではなく一緒に生きていきたい」という気持ちが沸々とたぎり始めました。永続的というのは、いわゆる家庭のことです。

不妊治療から離れ、自分の生活を充実させることに一区切りつき、後半の人生は誰かのために生きていきたいと思うようになりました。念願の暮らしが始まりそれで十分なのですが、「ここで子育てできたらもっと楽しいだろうな…」と海を眺めながら思っていました。

夫から「俺は2人でも楽しいよ」と言われました。ほぼ同意ですが、「2人でも楽しいけど、子どもがいればもっと楽しいはず」です。

相談室に訪れるクライエントさんのお話を伺っていると、特別養子縁組に関心を持つ人は増えているようでした。情報も増えましたし、ドラマで取り上げられた効果もあるでしょう。ただ、特別養子縁組の年間成立件数は624件（2018年）という数字からも一歩を踏み出す人はやはりわずかで、説明会に20組の夫婦が訪れても、最後まで残り「どんな子でも育てます」と誓約書にサインするのは1組ほどだと聞いたことがあります。様々な葛藤の末にその道に進む人はまだ少ないのです。

夫婦は人生をともにすると決めて一緒にいるわけですよね。

私もそれには異論はありません。結婚するときに独立したばかりの夫を支えたいと思っていた節がありました。今の私からは想像できないと言われそうですが、三歩下がってついていく精神を持っていました。夫の活躍はとても嬉しく誇らしくもありました。その想いは変わらずありますが、いつからか、この2人の人生は自分の人生でもあると思うようになったのです。

2人の人生であるという以前に、私自身の人生も重要です。玉ねぎの皮をむくように、自分の人生で一番したいことを突き詰めていったら、それは「お母さん」でした。

手術までの期間、きっと私は晴れやかな顔で過ごしていたと思います。ですが、すべてが綺麗にリセットされた訳ではありません。これからも人生を歩むパートナーとして私の隣にいるなら、「子どもが欲しいという気持ちは変わらずに残っていること。笑っていても楽しそうにしていても、この想いは根底にあり、これから先もずっと抱えて生きていくと知っていてほしい」と思ったのです。

この気持ちを伝えようと病室で手紙を書きました。

夫に何かをしてほしいと思ったのではなく、この手紙の目的は「私の気持ちを知らせる」ことです。なので、手紙を渡して読んでくれたことで目的は達成します。

手術室から病室に戻り、昨日書いた手紙を渡しました。これまでも大事な局面には手紙を書いていたので、「またかっ！　今度はなんだ‼」とドキッとしたかもしれません。私には、夫の「いつか」の願いにダメ出しをせず、快く協力してきた自負がありました。私の一世一代の願いに夫はどんな風に反応するでしょう。

夫は手紙を読み「わかったよ」と言い、私につき合うと言ってくれました。養子を考えてくれるということです。

特別養子縁組は「ご縁」や「出会い」です。希望しても実現するとは限りません。それはこれまで参加してきたシンポジウムで学んで理解していました。もしも養子を迎えられなくても、夫が私の願いを受け入れて同意してくれた出来事は刻まれました。この先2人だとしてもやっていけそう。気持ちを認めてもらえると嬉しいものです。

児童相談所から民間の養子縁組あっせん団体へ

夫婦の足並みが揃ってからは急展開でした。じわりじわりと進めていた今までの数年が嘘のようです。まず地域の児童相談所に問い合わせをして面談に訪れました。そこでは予想はしていましたが、「養子に出す子は滅多にいないんですよね」と当然のように言われました。

国は2017年に新しい社会的養護ビジョンを打ち出し、現在8割以上である「施設養育」を減らし、2割にあたる「里親や特別養子縁組の家庭養育」を優先的に考えると宣言しました。家庭養育が主流の欧米から30年遅れの政策です。

おおむね5年以内に、特別養子縁組件数を500件から2倍の1000件に、3歳未満の乳幼児の里親委託を75%にする。それには里親や養親希望者を増やし、同時に里親支援も積極的にしていくという方針でした。しかし、当時、現場（児童相談所）

の人の言葉からは、期待できるほどの進展は感じられませんでした。

特別養子縁組の養親希望者になるには里親研修を受講する必要があります。私たち夫婦もまずこの研修を受け、その中で里親さんから育児体験談を聞きました。

「小学生の中途養育で家に来たときは馴染めず何も話をしなかったけれど、少しずつ心を通わせた。苦労はするけれどやりがいはある」という体験談で、終始頭が下がる内容でした。自分にはその忍耐力はあるだろうか。里親さんの体験談を聞くのは私は初めてではありませんでしたが、実は聞けば聞くほど里親さんは素晴らしく限られた人しかなれないように感じていました。

申し込みから最初の研修を受けるまで半年が過ぎました。数回の研修を修了すると審査となり里親登録に進みますが、年2回の登録のタイミングを逃すと半年待つ説明がありました。委託児童の候補があると、施設に通って慣れていく期間が半年ほどあり、そこからさらに時間がかかりそうでした。

そんな中、当初考えていなかった民間の養子縁組あっせん団体への登録が頭をよぎり、HPを覗いてみると、養親希望者の研修会がたまたま近日ありました。夫に伝えると「よし！　行こう」とすぐに決まりました。

かつて私たちは、大晦日に一年の振り返りをエクセルにまとめていました。私たちだけの漢字一文字を決めたり、貯金額や来年の目標を、紅白歌合戦を観ながら記入するのが毎年の締めの行事でした。

いつしか来年の目標は「子ども」になり、その次の年もその次の年もエクセルには「子ども」が記入され続けますが、達成できずに大晦日の振り返りが虚しくなっていました。自分の努力でどうにもならないことをここに書いてはいけないのです。

そういう苦い経験から、私には先のことを期待しないクセがついていました。特別養子縁組の登録を進めていても、委託の話があるかわからない。ぬか喜びになるのが怖かったのです。

しかし夫は「来年の今頃には3人家族かもしれないぞ」「2人の生活もあとわずかだ」と、何かにつけて言うようになっていました。行動力も勢いもあり、夫はまるで別人でした。

あっせん団体の研修会は満席で、10組ほどの夫婦が参加していました。内容は、社会的養護の知識から離乳食作りまで、盛り沢山のプログラムでした。養子縁組ファミリーが数組登壇し、養子を迎えた当時のことや、迎えてからの子育てについてお話をしてくれました。

100家族いれば100通りでしょうけれど、どの家庭も共通していたのは、この幸せを託してくれた実母さんへの感謝の気持ちがあることでした。そして、1歳、2歳のお子さんと養親さんの姿は、どう見ても家族であり、自然なのでした。

同じテーブルについた養親希望のご夫婦とお話しすることもできました。葛藤や不安はどこの夫婦も同じでした。

夫が積極的に不妊治療の経験や、死産をしたことを打ち明けていたことに若干驚きました。

一般的に男性の思考は、目の前の問題を解決して次に進んでいくと言われています。自分の悲しい体験としみじみ向き合うことは「苦手」と思っていましたが、少しのきっかけがあれば語れるのかもしれません。

ここに集まっているのは、不妊治療をしたけれど実子を授からず、特別養子縁組を考えている夫婦のみです。自分の境遇に近い人同士、夫にとって「話せる場」になったのでしょう。自らを語ることは男女ともに回復の大事なステップなので短い交流でしたが貴重な時間となりました。

児童相談所は自分の居住地で管轄が決まっているので自分で選ぶことはできません。2020年5月現在、日本に登録してある民間の養子縁組あっせん事業者は21団体です。住んでいる地域に関係なく申し込むことができます。

研修に参加するとき、私たち夫婦は少々緊張していました。ここで夫婦喧嘩をする人はいないと思いますが、いつもの2割増しくらい仲良くしようと思っていました。2日間にわたる研修でしたので、いつの間にかそんなことは忘れていつも通りになっていましたが…。

あっせん団体の代表が「みなさんも私たち団体をよく見てくださいね、そして判断してください」とおっしゃっていました。養親希望者が審査される側ではなく、「団体と同じ立場である」という言葉に、夫は一気に好感を持ったようでした。

養子縁組あっせん団体をどう選んだか

私たちはこの研修を経て、あっせん団体に正式に申込をしました。数ある中からどの団体に登録すれば良いのか悩む方もいると思います。相性と言ってしまうと確かにその通りなのですが、私たちの場合ということを前提でいくつか書き留めておきます。

決め手になったのは、大きく4つです。

①団体の運営理念が「子どもの福祉のため」と軸がしっかりしていること
②養子を迎えた後の養親へのアフターフォローがあること
③困難な状況の妊婦さんのサポートを手厚くしていること
④心理職や助産師、社会福祉士など、専門職のスタッフがいること

書いてみるとたくさんありますね。団体とのおつき合いは養子を迎えて終わりではな

く、ここから始まりです。ですので、この4つの他に、団体運営の継続性と、団体の持つ雰囲気も重要でした。

このあっせん団体では、「特別養子縁組は、不妊治療をしている人のための制度ではありません」とはっきり告げられます。これには一瞬、突き放されるような印象を受けてしまうかもしれません。

でもこれは『子どもの福祉』を何よりも優先して、子どもが幸せに育つことを団体と養親が一緒に考えていきましょう」という理念なのだと理解しました。私たち養親だけではなく、このことを理解して団体は運営しなければいけません。団体も質を問われているのです。

また、養子特有の課題もあり、10年先、15年先という長いスパンで養親は勉強していく必要があります。それを想定して団体主催でイベントや勉強会をしてくれることもありがたい部分でした。同じ境遇の仲間が救いになるときが来るかもしれません。これらに参加することで養親仲間ができたり、いずれ養子仲間を作ることにも役立つと思います。

そして、妊婦さんへのサポートがあるかどうかということもとても重要です。毎年必ずあるのが、乳児遺棄の悲しいニュースです。誰にも相談できず自宅出産、トイレ出産に至ってしまうケースです。施設を退所した若者と関わり、もっと前からの支援の必要性を感じました。さかのぼり乳児院のボランティアを通じて、そこでもまた「もっと前からの支援」を感じずにはいられませんでした。

つまり、赤ちゃんが生まれる前から支援が介入することが必要です。そうすることで妊婦さんは1人で悩むことから解放され、お腹の子どものことを考えられる状態になります。それは養子のためになりますので、このサポートは私の願いでもあり、外せないものでした。

予期せぬ妊娠をした女性と養親希望者を簡単にマッチングできるアプリが話題になり

ました。あっせん団体と妊婦さんのやりとりは簡素的なメールで面談は1回。養親側の審査もスピーディでしたが自治体はこの団体を許可しませんでした。

確かに根掘り葉掘り育てられない事情を聞かれることは気乗りしないかもしれません。でもこれから先、養子の人生は続いていくことですので命を生み出す親として実母さんには楽な方法だけで選ぶのではなく、最後の一踏ん張りをしていただきたいです。困難な状況のときには何も考えられないかもしれませんが、だからこそ一緒に考えてくれる専門家が必要だと思います。

「どうして自分は養子に出されたの？」その事情を知りたいと思う日が来るかもしれません。すべての子どもには「出自を知る権利」があり、その権利を現場に関わる大人は守らなければいけません。妊婦さんへの手厚いサポートはやはり養子のためなのです。

もちろん、重視したい部分、譲れない部分は、人によって違いはあると思います。この件に限らず、日頃どんなことを気にしているだろうと考えてみてください。業者を選ぶとき、レストランを選ぶとき、不動産会社を選ぶとき、何を重視しているかを考えると自分のこだわりが見えてきます。

4月4日の「よ〜しの日」にはイベントが毎年開催されています。各団体のホームページだけではわかりにくいと思いますので、団体がいくつか集まるシンポジウムや、研修で雰囲気を肌で感じるのが良いと思います。

また、厚生労働省では毎年10月を里親月間とし、里親の体験発表会を各自治体が行っています。児童相談所と民間のあっせん団体の両方で、参加できるものを上手に利用してみてください。私たちは両方行ったことで比較になりました。最初に児童相談所に行ったことはステップとしては決して無駄ではありませんでした。特に国の状況などあまり知らない夫にはちょうど良かったと思います。

私たちも最初からすべてを納得して理解していたわけではありません。研修を受けてスタッフさんと面談を進める中で、気持ちが固まっていった部分もあります。早く養親になりたいと心は急ぐかもしれませんが、夫婦の目でしっかり見極めてほしいです。

血のつながりはなくても100%愛せる

私たち夫婦が特別養子縁組を決断するまでには、ある程度の道のりがありました。最初に考え出してから10年ですから、おそらく長く悩んでいたほうだと思います。

「養子を迎えて育てたい。でも血のつながらない子を愛せるか自信がない」。養親を検討する多くの人たちが「愛」に関する不安に悩んでいました。私も同様に不安はありました。養子を迎えた後の感情がわからないことだらけだったのです。

しかし、養子縁組を検討しているとき、「愛せる」と言い切れないにしても、「愛せない」とも思いませんでした。いわゆる普通の親子よりも意識をして愛する必要があると思っていました。

是枝裕和監督の映画「そして父になる」は、新生児の取り違え事件がテーマで、産んだ子と育てた子、血縁のこだわりを浮き彫りにした内容でした。できれば血縁よりも育てた子を選んでほしい。子どもと一緒にいた時間で親子の絆が生まれるというラストシーンにしてほしいと祈りながら映画を見ていました。

映画の中で葛藤する2組の親たちの姿を見て、特別養子縁組を決心するよりも難しいだろうと思いました。なぜならそこに実子が存在するからです。私たちの場合は実子がいません。比較のしようがなく実はシンプルなものなのです。

今、その「愛せるか」と言う問いについて、

「100%愛せる」と断言することができます。

何があっても守っていきます。「自分の命に代えて」と親たちは言いますが、私も同じです。赤ちゃんが目の前に現れたとき、守らなければいけないと脳から指令があり全細胞が反応しました。第一養育者になった途端にスイッチオンになったのです。

妊娠していた頃、まだ見えないお腹の中の赤ちゃんに愛おしさを注いでいました。一般的には数か月の間に母子は愛情を深めていきますが、わかったことは妊娠期間がなくても目の前の赤ちゃんを見れば一気に追いつくことができたということです。

そしてもう1つ、血のつながらない関係を埋めるために私たち養親は「努力をして少しずつ家族になっていく」と想像していました。しかし実際には「ふと気がついたら私たち3人は『家族』になっていました」。生後間もない赤ちゃんだったため、自分が産んだ子と何ら変わらず愛着形成ができたのも幸運だったと思います。

夫はどうみてもこの子のパパ。私はママ。いつから家族だったのか思い出せません。

夫に聞いたら同じ答えでした。特別養子縁組をするか決断を躊躇した最大の葛藤、「愛せるか問題」は、簡単に結論が出されてしまい拍子抜けする思いでした。

20人以上の里子を育てたベテラン里親さんに「養子を考えているけれど自分にできるか不安」と漏らしたとき、思いっきり背中を「バチ！」と張り手され「一歩踏み出せば大丈夫よ！」と活を入れてもらったことがあります。はい、本当にそうでした。一歩でわかりました。

見えない、形もない架空の養子を「愛せます！」と断言するのは難しいことだとかつて悩んだ者としては思います。ほとんどの人が血のつながった親子なのに、それ以外にチャレンジしようとしているのですから、一歩踏み出す勇気はいりました。

特に子育て経験がないと、子育ての楽しさ、やりがい、達成感がどのくらいあるのか漠然としかわかりません。子育てで得るものより不安ばかりが目立ってしまいます。実子を既に育てている方は子どもから得られる幸せの偉大さを知っているのでその点でハードルが低いかもしれません。第二子に養子を検討してくれる人がこれから増えるといいなと思います。

「愛せるのか」「家族になれるのか」という葛藤は、迎える前にはゼロにはなりませんが小さくする方法として私が試したことは、養子を迎えた先輩の体験談を聞き、養子を迎えたいけど迷っている者同士で話すことでした。

里親会会長のお宅を訪ね、家族アルバムを見せてもらったことがあります。調べ始めたときで、とにかく血のつながらない家族のことが知りたくて半ば押しかけて行きました。そのアルバムには今まで巣立っていった里子たちの笑顔。めくってもめくっても賑やかな日常が綴られていました。人の人生は様々ですが、私たちのアルバムとはだいぶ違うと思いました。決定的に違う点は、そこに「成長」が記録されていることでした。私たちのアルバムは旅行した景色だけが変わっていたのです。

また、私の相談室で「養子縁組を考える会」を２０１３年に始めました。ゲストに養親や里親をお呼びして、不妊当事者と交流するものです。誰からも審査されることがない本音を話せる場所として活用いただき、引っ越すまで継続していました。

参加者さんには「で、池田さんは養子どうするんですか？」なんて突っ込まれることもあり、常に自分もみなさんとともに考えていたと言えます。余談ですが、この会に参加された方で養子を迎えた方が数組いらっしゃいました！　ピア・カウンセラーの仕事をしていて本当に良かったと感じる瞬間です。

もう1つは、里子や養子の意見を知ることです。具体的には養子が成長した後にどんな気持ちになるのか、どんな行動の欲求があるのかを知り心構えすることです。

成人している養子が登壇する講演会に行ったとき、「今日、お母さんが来ています！」と客席に手を振り、客席のお母さんも恥ずかしそうに手を振り返していました。「お母さん」と発していることと、親子の姿が何もかも自然体だったことが私に力をくれました。

もちろん、そこまでの間に山あり谷ありだったかもしれません。でも、どんなことがあったとしても向き合うことで家族が成り立つのであって、実子でも向き合わずにいたら家族はたちまち崩壊してしまいます。親が子に接する言葉や態度は子どもにそのまま伝わります。愛情を与えれば愛が蓄えられ、子どもを尊重しなければそれは記憶に刻まれていくのです。このことを私は子どもの声を聞くボランティアで痛感していました。子どもを見くびらず1人の人間として接する。それは養子、実子に関係なくできることです。

『実親に会ってみたい』というイギリスの養子縁組ファミリーの事例集（ジュリアファイースト他著／明石書店）には、実親に会ったときの様子が記録されています。養子たちは、ほとんどの人が「パズルの欠けたピースが埋まったという感覚で、実親のことは親戚のような存在としてときどき会っている。自分にとって育ててくれた人が両親」と答えていました。実親と再会後も養親との関係は引き続き良好だったのです。

とてもホッとしました。

注：養親や実親との関係が良好なのは、ソーシャルワーカーが養親、養子、実親の3者をケアする国のサポート体制が整っているためで、日本ではまだない支援ですが、理想の形です。

日本の里親家庭を取材した『「家族」をつくる　養育里親という生き方』（村田和木著／中央公論新社）も参考になりました。東京都では、東京都福祉保健局のＨＰで「養育家庭体験発表集」がどなたでも閲覧可能です。里子と養子は制度の上では違いますが、血のつながらない家族という点では同じです。ぜひ子ども側の声も耳に入れてみてください。

不妊治療と特別養子縁組を並行して考えよう

私たちが養子を迎えた後、団体のスタッフさんが「皆さんがあと5年早く登録してくれると良いのですが…」とおっしゃっていました。確かにそうですね。第一子の出産平均年齢は31歳です。一方で研修に参加する養親希望者の年齢は40代が多く、ざっと10歳は上回っていると私は睨んでいます。結婚も晩婚化で、不妊治療中の平均年齢は30代後半、その後に養子縁組を検討して申し込むので要するにはっきり申し上げると私を含めて高齢なのです。

一方、養親の年齢制限は、養子との差が40歳とされているところが多いと聞いています。

人にはタイミングがあるので、若ければ良いというわけではありません。すぐに決断できない過去の自分のことも痛いほど理解できます。でも、特別養子縁組を最後の砦のように考えていたとすれば、不妊治療を終了するまでに、養親のリミットも迫っていると考えてください。不妊治療に区切りをつけてからではなく、並行して考えてみようということです。

乳児院と連携している不妊クリニックでは、初診時に乳児院のパンフレットを添えて情報提供したり、海外では体外受精が3回不成立だと卵子提供や養子縁組の話があるそうです。不妊クリニックに負担のない範囲内でこれからは社会的養護の大きな輪の1つになると良いですよね。

実は並行して考えることは心の面でもメリットがあると思っています。それは、養子を考えたことで自分の気持ちに初めて気づくことがあるからです。

そこで血のつながりに強いこだわりが予想以上にあった場合は、治療を続けても良いでしょう。治療をしている状態は変わらなくても選択肢の中から自分で決めたことは納得感があり、前向きになるはずです。「血のつながった我が子が欲しい」。誰もその気持ちを変えることはできません。

治療を続けることも1つ、夫婦2人の人生を選ぶのも1つです。たとえ養子縁組に進まなくても夫婦で考えた事実はずっと残り、決して無駄にはなりません。

選択肢があるうちに行動することが大事なのです。

妻のあとがき

「普通の家族になりたい…」と願っていた私がまさか、養子を迎え「新しい家族の形」を歩むことになるなんて、人生はわからないものです。こうして今、家族で幸せな時間を過ごしていることに、自分が一番驚いています。

実母さんの決断の尊さ

裁判所の審判が結審した後、調査報告書などから実母さん、実父さんの当時の事情を初めて知り得ました。ここで書き記すことができませんが、手放す側の苦しみの重さを感じ、裁判所の片隅で涙がこぼれました。「幸せに育ってほしい」…実親さんの想いとともに託された命。より一層大切に育てなくてはいけないと夫婦で誓いました。

息子は1歳を過ぎてよちよちと歩くようになりました。小さな手で私の手をギュッと力強く握ります。私はその度に、「この手を離さないよ」と言い散歩道を進みます。

これからも子育ては続き、養子に限らず子育ての悩みも出てくるでしょう。日常生活は他の家族となんら変わりはありませんが、いつか「どうして僕は養子に出されたの？」と聞かれる日が来るかもしれません。そのときには実親さんの想いをしっかり伝えたいと思います。

この子が「この家に来てよかった」と思ってくれれば本望ですが、答えは私が死ぬまでにわからないかもしれません。それが一生を懸けた私のなりたかった「親」の役目だと思っています。

「普通であることの価値観」から自由になる

結婚して子どもを育てるという人生のライフイベントは、希望さえすれば自然とやってくると思っていました。しかしそれは中断しました。それを自分も受け入れられなかったのですが、周囲も受け入れてくれませんでした。寄り道を相当して、あちこちぶつかり、気持ちが楽になったのは、最初に思い描いていたストーリーは描き直しても良い、サクセスストーリーは人の数だけ存在すると学んでからです。その描き直す力こそが人生を生き抜く強みになると思えるようになりました。

自分の中にある「普通」を見つめ直し、血のつながりのある家族が「普通」という価値観から脱したのは大きかったと思います。不妊を経験して、死産も経験してとっくに普通ではない人生だったのです。それでもずいぶん長い間、普通の価値観から抜け出せないままでした。そのことが自分自身を苦しめていたことに気が付いたとき、ようやく「普通ではない」自分を許すことができ、次の人生のステージに踏み出すことができたように思います。

赤ちゃんが成長して子育てが楽になるにつれ「もう1人育てたい」という気持ちが強くなりました。もちろん希望してまたご縁があるかわかりません。あんなに大変だったのにと自分でも思うのですが、子育ての幸せを考えれば乗り越えて得られるものは大きいのです。

この本は、正式に戸籍が移り私たちの我が子となったタイミングで企画を進め、子育ての合間にチクチク書き始めました。ここまで自分のストーリーを順を追って書いたことは初めてのことで、人生を振り返ることができました。

幸せになるためにずいぶん右往左往しながら生きてきたようです。
夫婦の未熟な部分もあちこちに出ていますが、喧嘩したり、意見が違ったり、どこにでもいる夫婦のリアルな葛藤と歩みの記録が読んでくださった方の参考となりますように。

池田麻里奈

夫のあとがき

これから養子を迎えたいと考える皆さんへ

夫婦が100組いれば、100通りの物語があります。特別養子縁組を検討するまでの道のり、葛藤、期待と不安、それは文字通り、千差万別でしょう。

その前提の上で、僕から皆さんにお伝えしたいことは、たった1つ。それは、「夫婦2人で向き合い、ぜひ前向きに、そして真剣に、人生の選択肢として検討してみてほしい」ということです。

さまざまな状況がありますから、「すべての人が特別養子縁組をするべきだ！」とは言えません。僕も、私たち夫婦も、今とても幸せですし、そう言いたい気持ちはありますが、そんなに簡単なことではないことも承知しています。

「実子をあきらめることができるのか」。費用的な面で民間のあっせん団体への登録を断念せざるを得ないかもしれません。登録して待機しても、必ずしも「ご縁」が得られないかもしれない。また委託期間を経たのちも「実親」さんの「翻意」により縁組が叶わないこともあります。

それでも、ぜひ「検討を始めてもらいたい」のです。

その先に進むかどうかは、検討してから決めれば良いのです。特別養子縁組に関する正しい知識を学び、できる限り多くの情報を集める。良いことも、大変なことも、一度全て頭に入れる。

自分が考える「自分と夫婦の」幸せとはどんなもので、いま何に不満や不安を持っているのか。譲れることと譲れないことは何なのかを明らかにし、夫婦で徹底的に話し合い、すりあわせる。先延ばしせず、逃げずに、このテーマに、目の前にいるパートナーに、向き合ってほしいのです。

そのためにも、ぜひ自分たちに合ったあっせん団体を見つけてください。

本やネットで知り得ることには限りがあります。正しく検討するためには、正しい知識と多くの情報が必要です。

優れたあっせん団体は、知識や情報を与えてくれるだけでなく、すでに特別養子縁組を迎えた先輩家族たちの紹介や、豊富な実例を知る機会を提供してくれます。私たち夫婦が依頼したあっせん団体との出会いがあったからこそ、今があります。

同じ場所でいくら考えていても、景色は変わりません。ぜひ一度、思い切って、あっせん団体の説明会や研修会に出かけてみてください。

くどいですが、決めるのは、「その後」で良いのですから。

本書の執筆を機に、改めて僕たち夫婦が歩んできた道のりを振り返ってみて、妻が背負ってきた苦しみと悲しみの重さに驚き、胸が張り裂ける思いでした。

何度期待を裏切られても、「幸せになること」をあきらめなかった麻里奈さん、あなたに、いつもは恥ずかしくて言えない一言を。

ありがとう。

池田紀行

編集後記

その日、私はＳＮＳで池田麻里奈さんが養子を迎えたという話を目にしました。彼女が長年不妊治療をされていたことは講演活動などから知っていたものの、「養子を迎えた」という事実に驚き、その決断力と行動力に感銘し、思わず「この話を本にしませんか？」と連絡していました。

少子化。社会的養護の必要な子ども。施設養育よりも家庭養育を増やしていこうという政府の方針。不妊大国日本。２人目不妊。…今皆に必要とされている。この企画を世の中に出すべきだと思いました。未婚で子どものいない私がご夫婦の本を企画していいのか…いや世の中に出すことが私の使命だとまで感じました。

企画が通り実際に進めることになったのは、審判が確定し実子となってからでした。改めてご夫婦の不妊時代や養子を迎えるまでのお話を伺い、実感したのは養子縁組を実際に決断するまでに10年以上も必要だったということの重みでした。

２度の流産、死産…その意味するところと、ご夫婦が経験した苦しみ、悲しみ。赤ちゃんを迎えてからの喜び、幸せ。ご夫婦の飾らない、ときには夫婦の行き違いまでも赤裸々に語った文章は静かな感動に満ちていて心を揺り動かされました。しかもご夫婦がそれぞれの視点から語ることで、そのときの状況が、想いが、臨場感と緊迫感を持って立体的に伝わってきたのです。

逆境や困難に遭ったとき人はどう立ち向かい幸せをつかんでいくのか。マイノリティの苦しみと、「普通」への呪縛からの解放。女性の自己実現。家族とは？　親子とは？　母性とは？　父性とは？　夫婦の信頼関係とは？　様々な側面から考えさせられます。

この本の実現には、いくつもの偶然と奇跡が重なっていました。美しい海辺での家族写真を撮影してくださった回里さん、企画を通してくださったＫＡＤＯＫＡＷＡと、出版を決意し渾身の原稿を書いてくださった池田ご夫妻に心から感謝いたします。

鈴木聡子

特別養子縁組の基礎知識

●全体人数

社会的養護の必要な子ども

約4万5,000人

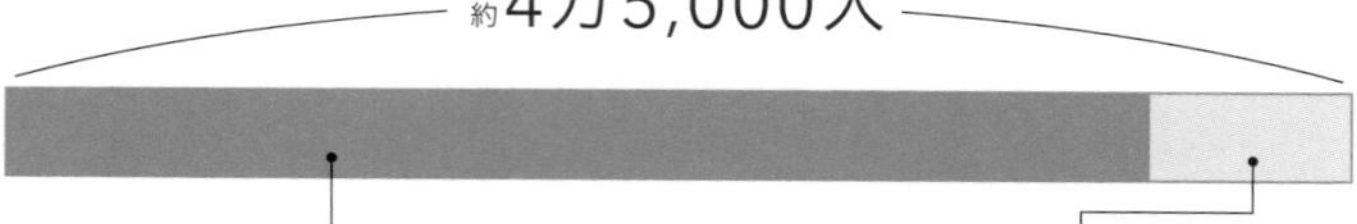

施設養育　約85%

児童養護施設、乳児院、
その他の施設で養育されている子ども

家庭養育　約15%

里親またはファミリーホームで
養育されている子ども

出典：社会的養護の現状について（平成29年3月末／福祉行政報告例）

●里親と特別養子縁組の違い

	里親	特別養子縁組
内容	社会的養護が必要な子どもに18歳になるまで家庭的な環境を提供する制度	社会的養護が必要な子どもに永続的な家庭環境を提供する制度
人数	5,424人（2017年／委託児童数） 出典：平成29年度末／福祉行政報告例	624人（2018年/容認件数） 出典：日本財団ハッピーゆりかごプロジェクトサイト
支給	里親手当てや養育費が支給される	ない
法的な親子関係	ない	実子と同様にある。 戸籍の記載 長男・長女など。
親権	産みの親	育ての親（養親）

●特別養子縁組について

養子の年齢 ―― 申し立て時点で原則として15歳未満

養親の条件 ―― 婚姻している夫婦で、ひとりが25歳、もうひとりが20歳以上であること

縁組の手続き ―― 家庭裁判所に申立て審判を受けなければならない

成立までの期間 ―― 6か月の試験養育期間後に審判

相談窓口 ―― 民間の養子縁組あっせん事業者または、行政機関である児童相談所。
民間の養子縁組あっせん事業者は、養親となるための条件、
審査の方法、費用負担が異なる。児童相談所は居住エリアごとに管轄があり、
養子縁組を前提とした里親登録をする。

成立までのプロセス ―― 研修→審査→登録→マッチング→委託→家庭裁判所への申立て→成立

養子を迎えるまでの池田家の年表

年	夫の年齢	妻の年齢	子の年齢	出来事
2003年	30歳	28歳		結婚
2005年	32歳	30歳		不妊治療を開始
2008年	35歳	33歳		人工授精を開始。2回目に、初の妊娠、流産
2009年	36歳	34歳		体外受精を開始
2010年	37歳	35歳		体外受精で2度目の妊娠、流産
2010年	37歳	35歳		妻が特別養子縁組について調べるようになる。「施設退所者」のアフターケアボランティアに参加
2011年	38歳	36歳		人工授精で3度目の妊娠、妊娠7か月のとき死産
2012年	39歳	37歳		妻が不妊ピア・カウンセラーとしての活動を開始。乳児院ボランティアを始める
2013年	40歳	38歳		妻が「コウノトリこころの相談室」を始める
2014年	41歳	39歳		夫婦でキャンプなどの趣味や、念願だった新居建設に着手
2015年	42歳	40歳		よ〜しの日イベントに夫婦で参加
2017年	44歳	42歳		不妊治療をやめる
2017年	44歳	42歳		新居が完成して海の街に移住
2017年	44歳	42歳		子宮腺筋症で子宮全摘出術。妻が「養子縁組したい」という手紙を渡し夫も決意
2018年	45歳	43歳		地域の児童相談所に問い合わせて面談に訪れる
2018年	45歳	43歳		児童相談所が行う里親基礎研修を受ける
2018年	45歳	43歳		民間の養子縁組あっせん団体の説明会、研修を受ける
2019年	45歳	43歳		養親候補として審査ののち「待機」に入る
2019年	46歳	43歳		あっせん団体の委託の電話を受ける。翌日返事
2019年	46歳	44歳	生後5日	最初の電話を受けてから6日後に赤ちゃんがやってくる
2019年	46歳	44歳	生後1か月	あっせん団体の訪問1回目
2019年	46歳	44歳	生後1か月	家庭裁判所への養子縁組の申立申請
2019年	46歳	44歳	生後2か月	家庭裁判所での面談
2019年	46歳	44歳	生後4か月	家庭裁判所の調査官の家庭訪問1回目
2019年	46歳	44歳	生後5か月	児童相談所の調査のための家庭訪問1回目
2019年	46歳	44歳	生後6か月	児童相談所の調査のための家庭訪問2回目
2020年	46歳	44歳	生後7か月	あっせん団体の訪問2回目
2019年	46歳	44歳	生後8か月	家庭裁判所の調査官の家庭訪問2回目
2019年	46歳	44歳	生後9か月	審判書が届く。2週間後（生みの親の異議がなかったため）審判確定証明書が届く
2019年	46歳	44歳	生後9か月	特別養子縁組届の提出。実子となる
2020年	47歳	45歳	生後12か月	現在に至る

おすすめサイト・参考文献

日本財団ハッピーゆりかごプロジェクト
特別養子縁組について知ることができる
https://happy-yurikago.net/book/

ほっとファミリー養育家庭体験発表集
（東京都福祉保健局）
東京都の里親、里子の体験談の「冊子」が閲覧できる
https://www.fukushihoken.metro.tokyo.lg.jp/kodomo/satooya/seido/hotfamily/taikenhappyou/index.html

全国里親会
里親について知ることができる
https://www.zensato.or.jp/know/s_kind

『実親に会ってみたい』
著：ジュリア・フィースト、スー・シーブルック、エリザベス・ウェブ、マイケル・マーウッド（2007年／明石書店）

『「家族」をつくる――養育里親という生き方』
著：村田和木（2005年／中央公論新社）

『「赤ちゃん縁組」で虐待死をなくす
～愛知方式がつないだ命～』
著：矢満田 篤二、萬屋 育子（2015年／光文社）

『子どものいない夫婦のための養子縁組ガイド
――制度の仕組みから真実告知まで』
著：吉田奈穂子（2015年／明石書店）

池田麻里奈
いけだまりな

不妊ピア・カウンセラー。「コウノトリこころの相談室」を主宰。28歳で結婚し、30歳から10年以上、不妊治療に取り組む。人工授精、体外受精、2度の流産、死産を経験。子宮腺筋症で子宮全摘後、「それでもやっぱり育てたい」という自らの思いを確信し、特別養子縁組を決意。44歳のとき、0歳の養子を迎える。『VERY』(2018年9月7日号)「家族のコトバ」、『日経ARIA』(2020年3月)「これからの家族のカタチ」など数々のメディアや、大学で講演活動を行うなど、実体験を語っている。

http://kounotori.me/
https://twitter.com/ikedamarimam

池田紀行
いけだのりゆき

トライバルメディアハウス代表取締役社長。妻とともに不妊治療に取り組み、長い間実子を望んでいたが、妻の子宮全摘後に「それでも育てたい」という望みを伝えられ、特別養子縁組を決意。46歳のとき、0歳の養子を迎える。Twitterで養子を迎えパパになったことを報告したところ、「おめでとう」「勇気をもらった」というコメントの嵐を受ける。企業のマーケティング支援を行いながら、多数の講演活動も行う。著書に『次世代共創マーケティング』(共著、SBクリエイティブ)『キズナのマーケティング』(アスキー新書)などがある。

https://note.com/ikedanoriyuki
https://twitter.com/ikedanoriyuki

STAFF

撮影／回里純子(cover. p1〜7, 111)
　　　児玉 聡(株式会社ラブグラフ)(P17)、せきとかおり(P47)
ブックデザイン／西垂水敦・市川さつき(krran)
DTP／岩井康子(アーティザンカンパニー)
校正／麦秋アートセンター
企画編集／鈴木聡子

※P282〜284の情報をはじめ、本誌の情報は2020年5月現在のものです。

産《う》めないけれど育《そだ》てたい。
不妊《ふにん》からの特別養子縁組《とくべつようしえんぐみ》へ

2020年9月9日　初版発行

著　者　池田麻里奈《いけだまりな》　池田紀行《いけだのりゆき》

発行人　青柳昌行

発行　株式会社KADOKAWA
〒102-8177　東京都千代田区富士見2-13-3
電話 0570-002-301（ナビダイヤル）

印刷所　図書印刷株式会社

ISBN 978-4-04-604781-6 C0095